CW00447255

SIX GEORGIAN POETS

SIX GEORGIAN POETS

Translated by
Alexandra Büchler, Nia Davies, Donald Rayfield,
Adham Smart, and Stephen Watts
with
Davit Gabunia

Edited and with an introduction by
Gaga Lomidze

Arc
PUBLICATIONS
2016

Published by Arc Publications
Nanholme Mill, Shaw Wood Road
Todmorden, OL14 6DA, UK
www.arcpublications.co.uk

Copyright in the poems © individual poets as named, 2016
Copyright in the translations © translators as named, 2016
Copyright in the Introduction © Gaga Lomidze, 2016
Copyright in the present edition © Arc Publications Ltd, 2016

Design by Tony Ward
Printed in Great Britain by
TJ International, Padstow, Cornwall

978 1908376 97 8 (pbk)
978 1910345 83 2 (ebook)

Cover painting: 'Dedicated to Lika' (1992) by Karlo Kacharava,
by kind permission of Karlo Kacharava's estate © 2016

The publishers are grateful to the authors
and, in the case of previously published works,
to their publishers for allowing their poems
to be included in this anthology.

This book is copyright. Subject to statutory exception and to
provisions of relevant collective licensing agreements,
no reproduction of any part may take place without the
written permission of Arc Publications Ltd.

This book is published with the support of the
Georgian National Book Center and the
Minstry of Culture and Monument Protection of Georgia

GEORGIAN
NATIONAL
BOOK
CENTER

MINISTRY OF CULTURE
AND MONUMENT PROTECTION
OF GEORGIA

Arc Publications 'New Voices from Europe and Beyond'
Series Editor: Alexandra Büchler

PUBLISHER'S NOTE

The majority of the poems in this volume were translated in two workshops, the first of which was held in September 2014 in Tbilisi, Georgia, supported by the Georgian National Book Centre and the British Council, and the second in March 2015 in Aberystwyth, Wales, supported by Literature Across Frontiers.

The workshop participants were: Alexandra Büchler, translator and director of Literature Across Frontiers; Nia Davies, poet, translator and Editor of *Poetry Wales*; Adham Smart, poet and translator; Stephen Watts, poet and translator; and Angela Jarman, editor at Arc Publications. The translators initially worked from literal translations supplied by the poets and others, but at both workshops they received help and advice from the playwright and translator, Davit Gabunia, whose contribution was invaluable.

There are other poems included in this volume that were translated by individual translators outside the workshops. One such translator is Donald Rayfield, who was not part of either workshop; Stephen Watts and Adham Smart also completed a number of translations outside the workshop setting. Where this is the case, their names appear under the relevant translations. Poems where individual translators are not named were translated collaboratively by the workshop participants.

Brief biographical notes on each translator appear at the end of the volume.

CONTENTS

Six Georgian Poets is the fourteenth volume in a series of bilingual anthologies which brings contemporary poetry from around Europe to English-language readers. It is not by accident that the tired old phrase about poetry being 'lost in translation' came out of an English-speaking environment, out of a tradition that has always felt remarkably uneasy about translation – of contemporary works, if not the classics. Yet poetry can be and is 'found' in translation; in fact, any good translation reinvents the poetry of the original, and we should always be aware that any translation is the outcome of a dialogue between two cultures, languages and different poetic sensibilities, between collective as well as individual imaginations, conducted by two voices, that of the poet and of the translator, and joined by a third interlocutor in the process of reading.

And it is this dialogue that is so important to writers in countries and regions where translation has always been an integral part of the literary environment and has played a role in the development of local literary tradition and poetics. Writing without reading poetry from many different traditions would be unthinkable for the poets in the anthologies of this series, many of whom are accomplished translators who consider poetry in translation to be part of their own literary background and an important source of inspiration.

While the series 'New Voices from Europe and Beyond' aims to keep a finger on the pulse of the here-and-now of international poetry by presenting the work of a small number of contemporary poets, each collection, edited by a guest editor, has its own focus and rationale for the selection of the poets and poems.

Six Georgian Poets brings us the work of the most outstanding literary representatives of what has been dubbed 'the Gagarin Generation". Yuri Gagarin, the first astronaut, who died tragically young, was an international celebrity and a hero of the Soviet Bloc. His space journey could be subversively interpreted not as one of the victories in the Cold War competition between two ideologically opposed superpowers, but as a daring breakout towards freedom. This generation of people born in an era of growing resistance to the strictures of Soviet rule, a generation characterised by challenging the entrenched conformism of thought and action, is represented here by a diverse set of voices, each of which speaks out of an experience both personal and collective, giving us a rare insight into a culture and literature we need to know more about.

Alexandra Büchler

THE GAGARIN GENERATION

Because of Georgia's geographical location, Georgian literature evolved against a backdrop of various political and cultural upheavals. It is now almost a commonplace to say that Georgian literature is at the crossroads of Eastern and Western cultures, and this is what makes it distinctive.

Throughout ancient history, aesthetic principles typical of Byzantine texts dominated Georgian literature. However, in medieval and modern times, it has developed into what might be described as a synthesis of the cultural heritage of Antiquity, Byzantine culture, and modern eastern and western civilizations. A vivid example of this is one of the most important monuments of Georgian literature – Shota Rustaveli's twelfth-century poem, 'The Man in the Panther's Skin' (*Vepkhistqaosani*), an outstanding specimen of the dialogue between disparate cultures. In the seventeenth and eighteenth centuries, Georgia became a victim of the political and cultural expansion of the east, which manifested itself in the influence of eastern aesthetics on Georgian literature. However, because Georgian culture has always acknowledged its position between cultures and continents, the influence of western cultural heritage is never absent. Accordingly, Georgian poetry written in the eastern style in the seventeenth and eighteenth centuries nevertheless bears the signs of the western Baroque, in the work of poets such as Teymuraz I and Besiki. The nineteenth century was marked by the beginning of the new Czarist-Russian colonial era. Again, Georgian literature of that period appropriated western cultural aesthetics through the prism of Russian traditions, and local variants of European literary trends – such as Romanticism and Realism – flourished in that dichotomous reality.

Bolshevik colonialism followed; under the conditions of a totalitarian regime, Georgian literature managed to overcome dogma and keep sight of literary developments across Europe. The need to approach Georgian culture in the context of European art is found for the first time in twentieth-century Georgian literature. Towards the end of the second decade of the twentieth century, the Georgian poet Titsian Tabidze linked the work of the Persian poet Hafez with that of the French philosopher Prudhon, and Baudelaire with the eighteenth-century Georgian poet Besiki. By doing so, he helped point Georgian literature in the direction of Europe. This synthesising of cultures was perfected in the poetry of Galaktion Tabidze, one of the most important representatives of the Georgian Symbolist movement. However, this natural process ceased with the sovietization of Georgia in 1921, in spite of several attempts to revitalize it in the 1970s and 1980s.

After the 1980s, at the beginning of the collapse of the Soviet Union, Georgian literature tried to restore its broken ties with European culture and values and confronted the tendency towards patriotic pathos so prevalent in the Soviet period.

The signs of striving towards western culture were, however, visible long before the collapse of the Soviet Union. One of the moments marking the beginning of the end of the Soviet era came with a tragic event in 1983, when seven young people hijacked an aeroplane trying to escape from the Soviet Union. They were imprisoned, and a year later, secretly executed. For a long time, nobody knew whether they were dead or alive. This incident had a great influence on many Georgian artists, Irakli Charkviani in particular, who chose the nickname "Mepe" (the King) for himself. In addition to being an artist, Irakli Charkviani was the author of a novel and several short stories. Years later, he dedicated his novel *Silent Swim* to his childhood friend – a young actor who was among the seven hijackers. The novel *Silent Swim* is a chronicle of the Soviet era, and at the same time an interweaving of imagination, fiction and reality – a tragedy in which those attempting to flee from a Soviet reality come up against a brick wall.

The beginning of postmodern literature in Georgia could be linked to this tragic event. As the cultural historian Yuri Lotman puts it: "It is no accident that, as a rule, the memory of a contemporary man records precisely disasters. In this sense, a disaster can be defined as 'an explosion seen with the eyes of a contemporary man.'" Georgian writers of the transition period could be compared with Generation X, the generation for whom personal freedom and human rights were of the utmost importance, a generation whose aim was to remedy the injustices of life. People who were born in this period – from the 1960s to the 1980s – were named the 'Gagarin Generation' by Irakli Charkviani, in honour of Yuri Gagarin, the first Soviet astronaut. Their sailing against the current was an expression of an individualistic epoch; these were people who dared to confront their fate and change their destiny.

One can say that the six poets in this anthology are representatives of the 'Gagarin Generation'. The first successes of these authors came during the transition period, marked by the end of the Soviet Union and the restoration of independence in Georgia. The poems included here represent the first appearance of their individual, distinctive voices and exemplify the polyphony of contemporary Georgian poetry during this period. And insofar as these works were created in this most significant transitional period of 'discontinuity' in culture, it is also challenging to track deeper changes: transformation, reconstruction of the past, and an acceptance of the cultural heritage which is intrinsic to it. In this case, reconstruction refers to the avant-garde movement in Georgian literature which was forcefully suppressed in the 1930s.

The 1990s started with a civil war in Georgia. Along with the advent of independence, interest in western culture began to increase significantly. Despite a total political and economic crisis, cultural life revived. Even though the grey and sad Tbilisi streets were almost deserted, interest in alternative art became more intense: the Assembly of Avant-garde Fashion was held in Tbilisi; there were rock concerts; poets, photographers and artists gave street performances; in the streets and in grocery stores poets – inspired by the American beat poets – read their poems which were often in response to social and political events, It seemed that Georgian artists and writers were trying to resume tendencies that were characteristic of pre-Soviet cultural movements. In this regard, it is worth mentioning the literary journals that were self-published by Dato Barbakadze. In these, along with contemporary Georgian poetry, readers could find poems and manifestos of early twentieth-century representatives of the European avant-garde. In 1993 an interesting performance was held when Zurab Rtveliashvili, a contemporary Georgian poet, was elected King-president of the Georgian Dada by a majority of Georgian poets and artists. Rtveliashvili dedicated his victory to Grigol Tsetskhladze, a poet who was a representative of the Georgian avant-garde from the early 1900s until the 1930s, before experimental artistic movements were banned by Stalin.

In general, poetry has always been a natural style of expression in Georgia. The six poets included in this anthology, in addition to their distinct poetic voices, exhibit diverse poetic tendencies.

Musician and writer IRAKLI CHARKVIANI, who co-founded a poetic order named 'The Reactive Club' with the poet Kote Kubaneishvili, was responsible for flavouring Georgian music with European ingredients and essentially was the creator of Georgian rock'n'roll. Charkviani's poetry, which was completely free of bombast, would often find its way into his own song lyrics. Because of their simplicity, experimentation, and protest against the current reality, and because of their allusion to western values, his poems were of revolutionary importance. In them, tragic elements and irony coexisted; the phrase "forgetful ostrich of my past" hints to the painful process of forgetting the past and accepting change during the period of transition ('GOELRO'). In the same Soviet environment, where old values were being destroyed, a neologism 'My Jesusness' (see 'Mazoni') refers to the search for solid foundation and is equal to Kant's famous expression: "Two things fill the mind with ever-increasing wonder and awe. The starry heavens above me and the moral law within me." Another poem, 'Race', contains an apocalyptic vision of the transition period; its poetic image, "Crucify crosses!" echoes the civil conflicts of the period. The final lines of the poem are an optimistic response to the Nietzschean 'eternal recurrence' theory: "It will be spring!"

SHOTA IATASHVILI's poems of the period are mostly of social importance. One can hear a voice of protest against a dark reality. At the same time, irony gives a special flavour to his poems ('Autobiography', 'Learn Me by Heart', or 'Drawing a Line between Meteorology and Poetry'). An ironic attitude towards domineering clichés is evident in those of his poems in which well-known biblical stories are interpreted from an upside-down perspective, for example 'Ode to Clothes. Shota Iatashvili's *vers libres* of the period are absolutely free from bombast and figurativeness; the linguistic texture of his poems is distinguished by its simplicity – like beat poetry or Bukowski's prose fiction.

The successors of the principal line of the Georgian poetic tradition are Gaga Nakhutsrishvili with his existential lyrics and Rati Amaglobeli with his psalmic poetry.

For GAGA NAKHUTSRISHVILI, poetry is a philosophy of life as well as a moral position. In a world where everybody is estranged from each other and humans don't respect each other, poetry becomes a shelter from everyday life (as it is presented in the iconic poem of the 1990s 'No, My Friend', or in 'The City of Weak Light'). When poetry turns into a way of life, the narrator becomes a romanticist contemplating our cruel reality without fully escaping it; he reminds us that in our pragmatic world human longings are absolutely in vain when compared to the fundamental principles of existence and nonexistence.

RATI AMAGLOBELI brought rhythmic elements, rhyme and melodiousness to the poetry of the end of the twentieth century and the beginning of the twenty-first century, and revived the tradition of Georgian hymnography. We struggle to find a rebellious voice in his poems; each line becomes an integral part of the whole, and his work is more concerned with the Georgian poetic tradition, or to put it in other words, with the reinterpretation and reconstruction of this tradition into something new. His poems deal with interpreting motifs and themes of the Old and New Testaments, giving them a new angle ('Circle', 'The so-called Cain's Harvest, or the Death of Logic'). In this respect, Rati Amaglobeli is a postmodernist poet who reads old texts with a different eye – and does so without irony ('The Beggar', 'This love seemed like childhood').

This anthology includes the work of two women poets who are distinguished for their acute feminist sensibility. The poetry of Maya Sarishvili and Lela Samniashvili is full of unexpected turns and psychological depth.

In MAYA SARISHVILI's poems the narrator is sometimes an adult, sometimes a child (see 'To My Father'). Her poetry is mostly non-objective and hangs between reality and imagination or dreams. If we agree that the merit of a poetic text can be measured by the metaphors used in it, then one could say that Maya Sarishvili's poems, with their array of stunning metaphors that seem to come out of the blue, are unrivalled. Her imagery is charming with its familiar and, at the same time, non-objective world that is often hard to grasp ('now the storm has regrouped the insane'), while from time to time it scares and thrills us (as for example in 'The Firm Response' and 'The toy train that was chugging / along the kitchen floor') with shocking and intense images and motifs of murder or suicide as in Sylvia Plath's poetry.

The first translator of Sylvia Plath's poetry into Georgian, however, was LELA SAMNIASHVILI whose strict rhythmic structures and systematic approach are typical of her poetry in contrast to the emotional expressiveness, intensity and vivid figurative images of their content. Her poems are full of images laced with a sensibility rooted in the contemplation of the world from a sensual perspective ('The Caesarian Cut'). It is this contrast between form and sensibility that makes Lela Samniashvili's *vers libres* unique.

Today, in the era of ubiquitous cultural exchange, when national literatures become particularly topical and interest in them is increasing globally, there is a tremendous need for painstaking and thoughtful translations of Georgian literature into foreign languages. Such kinds of cultural interaction contribute to a dialogue between cultures that is a necessary precondition of returning Georgian culture into its natural European context. We also have to take into consideration that literature in Georgia has always had a special role in the intellectual development of the people. Georgian literature has been and always will be open to the processes occurring across global literatures.

We hope that, through this anthology, readers will gain a better understanding of the diversity of Georgian poetry. Now is one of the most important periods of transition in the history of the Georgian nation, a period in which the dominant position of the established literary canon has given way to new and highly distinctive poetic voices, six of which are represented in this anthology. The richness of Georgian literature still awaits full discovery in English, and we hope this book helps open the door to that.

Gaga Lomidze

RATI AMAGLOBELI

PHOTO: © PIETER VANDERMEER

RATI AMAGLOBELI was born on 30 March 1977 in Tbilisi and graduated from the Faculty of Philosophy, Ivane Javakhishvili Tbilisi State University in 2000. Since 1994, his poetry has appeared in both in Georgian and foreign literary editions and in 2006 his poetry collection *The Circle* was awarded the Saba Literary Prize. He edited the journal *Hot Chocolate* from 2010-11 and, since 2011, has been the President of Georgian PEN Centre.

From 2005-2010, Rati Amaglobeli was the host of the literary programme 'The History of Voices' at Georgian Public Broadcasting Radio, and he now delivers weekly public lectures in the 'Book House'.

დაჩის

როდესაც კრთიხარ და შენი ერთი
კვირის ხელებით პოულობ სივრცეს –
მე ვიცი მართლა არსებობს ღმერთი,
რომელიც გიცავს, რომელიც გირწევს
სიზმრების ლოგინს და შენი გულის
ფეთქვაში ცხოვრობს, თითქოს მიწიდან
აფრენილ მტრედის თბილი ღუღუნის
ხმებს გამოსცემდე და სული წმინდა
შენს სახეს ძერწავს გასული წლიდან.
შენა ხარ ჩემი გულივით ჩვილი
და მეც პირველად ეს სიტყვა – შვილი
მივხვდი რას ნიშნავს, შესაბამისად
ჩემში ვატარებ განცდას მამისას.
ამგვარად ყველა ბგერა თუ სიტყვა,
რაც კი რამ ქვეყნად ოდესმე ითქვა
დასაბამიდან და იმის წინათ
დაიწყებს შენში გარკვეულ წილად
ცხოვრებას, სუნთქვას, ფარულ საუბარს
გააბამს შენთან და მოძრაობას
შიგნიდან გარეთ გარედან შიგნით
მიმართავს ფიქრის სახით, თუ წიგნით,
შთაბეჭდილებით, სიზმრით, ასევე
საგნებში ჭვრეტით, რადგან სავსეა
სამყარო სიტყვით და ეს სიტყვები
შენა ხარ თავად, დაეკითხები
სიტყვებს თავისი თავის შესახებ,
სიტყვებს გააღებ, სიტყვებს შეაღებ
სიკვდილ-სიცოცხლის კარიბჭის მსგავსად,
ერთმანეთისგან გაარჩევ ფასადს
ფორმას, შინაარსს, გარეს და შინას,
ყოველ მცენარეს, თუ როგორ ფშვინავს,
ცხოველს შეიგრძნობ, ჩიტის გალობა
იქნება შენთვის ერთიანობა
სიტყვების მიღმა არსებულ სულის,
ვინმეს ან რამეს, რომ არ გავს სულაც,
ის არის როგორც შეგრძნება, სუნთქვა,
რომელიც სიტყვებს ვერ გამოუთქვამთ
ისევე როგორც ერთი შეხედვით
შენს უმნიშვნელო ხელის ცეცებას,

TO DACHI

When you tremble and with your
One-week-old hands seek space —
I truly know God exists,
Who protects you, who rocks
Your bed of dreams and lives in
Your heart-beat, as through from the earth
You emitted the sounds of a soaring dove
Sweetly cooing, and the holy spirit
Moulds your face from past years.
You are as tender as my heart,
And for the first time I have understood
What this word child means, from the beginning
I carry the experience of a father in me.
Thus every sound or word
That was ever spoken on earth
From the beginning, and before that,
Will begin in you, as a separate part,
Life, breathing, will start an invisible
Conversation with you, and will direct
Movement from within outwards, from without inwards,
In the form of thought, or as a book,
By impressions, by dream, in the same way
By contemplating objects, because the world
Is full of words, and these words
Are you above all, you will ask words
For advice about themselves,
You will open up words, you will push words open,
Like a gate between death and life,
You will distinguish their respective value,
Form, content, outward and inward,
Every plant, how it wafts,
You will sense animals, the birds' song
Will be for you a unity
Beyond words of existing spirit,
Someone or something that is utterly unlike,
This is like perception, breathing,
Which words have failed to express,
Just as at one glance
At your insignificant hands groping,

უმიზნო მზერას სივრცის მეძებარს
პირდაპირ გეტყვი რაც შეეხება
შენს ამ ქმედებას, სულ რომ მოველი
აქვს მნიშვნელობა განუზომელი,
რადგანაც მივხვდი რას ნიშნავს მე და
რას ნიშნავს მამა, რას ნიშნავს შენთან
ყოფნა და მერე შენში შეგრძნება
შენს ჭურჭელს სული როგორ ეძლევა,
როდესაც კრთიხარ და შენი ერთი
კვირის ხელებით პოულობ სივრცეს,
მე ვიცი მართლა არსებობს ღმერთი
და გულში გიცემს.

მათხოვარი

ვარ ცარიელი, – გეუბნები, – აი
სრულიად,
სული ცარიელ სივრცეებით დაისრულია.
ხურდაც არ დამრჩა, დამეხარჯა ყველა ხმოვანი, მე
უკაცრიელ გზებზე მდგარი ვარ მათხოვარი.
ვარ მათხოვარი, უქონელი, გზად მოარული
შავი ჯვალოთი.
ღამის მსტოვარი, იდუმალი, მის ფარული
მე ვარ ჯალათი.
გზად მოარული, უქონელი სავსე ვარამით
ღამის მსტოვარი,
ვითხოვ სინათლეს, შემეწიეთ, დამეხმარენით, _
გთხოვთ მათხოვარი!

Your purposeless gaze seeking space,
Straight away I shall tell you, as for
This activity of yours, that I keep waiting.
It has immeasurable meaning,
Because I have realised what "son" means,
What "father" means, what existing
With you means, and then perceiving in you
Soul being given to your vessel,
When you tremble and with your one-
Week-old hands search for space,
I truly know God exists
And beats in your heart.

translated by Stephen Watts
& Lela Samniashvili

THE BEGGAR

I am empty – and telling you –
Here completely,
My soul is stabbed with empty spaces.
No coins left, I've spent all the vowels,
I'm a beggar standing on desolate roads.
I'm a beggar, without chance, drifting
In black tatters.
Mysterious night spy, its secret
Hangman.
Child of fortune, full of woe,
Wandering night spy,
Begging for light, have mercy, help me –
This Beggar is begging you!

ასეც ჭვია – კაენის მოსავალი, ანუ ლოგიკის სიკვდილი

თითქოს რაღაც გარდაიცვალა ჩემში, რაღაც მოკვდა –
ბებერი, ხანდაზმული როგორც ისტორია.
რასაც აქამდე ერთ მთლიან ტელოსურ სხეულად ვპერწავდი,
დაიმსხვრა, დაიშალა ათიათას ნაწილად და ელემენტად,
მსგავსად ადამიანის გვამისა, რომელმაც
სიკვდილის შემდგომ დაუბრუნა დედამიწას ის,
რასაც ადამიანი მთელი თავისი ფიზიკური
ცხოვრების მანძილზე მისგან იერთებდა და
ასე ავსებდა თავის უხილავ ფანტომს:
მინერალებით, ნახშირწყლებით, მცენარეულ თუ
ცხოველურ ცხიმებით და ცილებით და
ხილულსა და ხელშესახებს ხდიდა მას,
ხელშესახებს ხდიდა მას, რადგან დედამიწას ჭამდა,
როდესაც ჭამდა: პამიდორს და ხახვს და
ნიორს და კარტოფილს, ძველსა და ახალს და
ცერეცოს და კამას და სალათის ფოთლებს და პეტრუშკას,
რაც ნიშნავს ოხრახუშს.
და ასევე ნიახური და პიტნა და ქინძი და
ტარხუნა და რეჰანი და პრასი და
ფერადოვანი ფხალეულობა და
ათასობით მწვანილეულობა და წიწაკეულობა და
სუნელეულობა და ბოსტნეულობა და სტაფილო და
კომბოსტო და ჭარხალი და ბოლოკი და
კიტრი და ბადრიჯანი და სიმინდი,
რომელიც შეიძლება მოხარშო,
ან კიდეც დაფქვა და მჭადი გააკეთო მისგან –
ასეც ჭამო და ისეც.
ათასი სახის კენკროვანი ნაყოფი და
ნაირგვარი ხილეულობა: ქლიავი და ვაშლი და
მსხალი და უნაბი და კორკიმელი და
კურკანტელი და კარალიოკი,
რაც ნიშნავს ხურმას.
და ბროწეული და საზამთრო და ნესვი და
მარწყვი და ალუჩა და ალუჩისბუში,
– ო, რა უხვია ბუნება! და
ლეღვი და ყურძენი,
რომლის დაწურვის შემდგომ ვიღებთ
სითხოვან წარმონაქმნს,
ამ სითხოვანი წარმონაქმნისაგან შეგვიძლია

SO-CALLED CAIN'S HARVEST, OR: THE DEATH OF LOGIC

As if something has died in me, something
has ceased,
old and aged, like history,
something I have been shaping
into a single tellurian body,
scattered, splattered to thousands of smithereens and elements,
like a human corpse,
that after death gave back to mother earth
whatever had been juiced out from it all his life,
thus filling up his invisible phantom;
with minerals & carbohydrates, with vegetable fats or
animal fats, and with albumens, and
made it visible and touchable,
made it tangible, because we eat the earth
when we eat: onions and tomatoes
and garlic and potatoes, whether old or fresh, and
dill and common dill and the leaves of lettuce
and *petrushka,*
which means parsley.
And also, celery and mint and coriander and basil
and tarragon and leek and
colourful herbage and
thousands of greens and peppers and
spices and vegetables and carrots and cabbages and beet and
cucumber and eggplant and maize,
that can be boiled
or ground and baked into a *mchadi*
and may be eaten either way.
A thousand kinds of berries and
all variety of fruits: plums and apples and
pears and green briar and jujube, and blueberry and dewberry
and *karaliok,*
which means persimmon.
And pomegranates and melons and water melons and
strawberries and *aluchas* and engrafted eluchas,
Such abundances of nature !
And figs and grapes, that after pressing make
a liquid,
and out of this liquid *pelamushi* and *tatara*

გავაკეთოთ უმცროსებისათვის:
ფელამუში და თათარა და
ნიგოზსა და თხილსაც თუ არ დავიშურებთ,
ჩურჩხელაც გვექნება და ისეც გვაქვს უფლება
მივიღოთ მისგან ეს სითხოვანი წარმონაქმნი
თუ თხევადი მასა.
როგორც სითხე ან ყურძნის წვენი ან მაჭარი ან რაც
გინდათ ის დაარქვით, და
ცოტასაც ვაცლით, უფროსებისათვის ღვინოსაც მოგვცემს.
და ჭანჭური და ჭერამი და ღოღნაშო და
ტყემალი და ატამი და გარგალი და ბალი და
ალუბალი, არათუ უმად, არამედ მურაბებად,
ჯემებად, რაც ნიშნავს ხილფაფას და
კომპოტებადაც შეგვიძლია მათი მიღება და
კიდევ ვინ მოსთვლის რამდენი რამ,
რასაც ჩვენ ბუნებისაგან ვიღებთ და
ვიერთებთ ჩვენს ფიზიკურ ორგანიზაციაში,
ხილულსა და ხელშესახებს ხდის ჩვენ უხილავ ფანტომს,
რომელიც ფიზიკური სიკვდილის შემდგომ,
ყველაფერ ამას, მთელი ცხოვრების მანძილზე
მიღებულს და გადამუშავებულს,
ისევ დედამიწას უბრუნებს და კვლავინდებურად
უხილავი ხდება
მსგავსად იმ ტელოსური სხეულისა,
რომელსაც მუდამ ერთ მთლიანობად ვძერწავდი და
რომელიც დაიმსხვრა და დაიშალა ათიათას
ნაწილად და ელემენტად,
რადგან თითქოს რაღაც გარდაიცვალა ჩემში,
რაღაც მოკვდა –
ბებერი, ხანდაზმული როგორც ისტორია.

can be made for the youngsters
and if you can spare some walnuts and nuts,
you can get even *churchkhelas*, and besides, you have the right
to get this liquid product,
this liquid matter,
like fluid or grape juice, or *machari*,
or call-it-what-you-like,
and, if you are not in a hurry,
it will yield wine for the adults.
And apricot and peach and *tkemali* and damson and
cherry and sweet-cherry,
not only raw, but in the form of preserves,
or jams, which is a porridge of fruit, or
you can take it all in the form of a stew, and,
– who can count these countless things,
that we take from nature and
melt in with our physical being,
making quite touchable and visible our invisible
phantom,
which after its physical death –
all that it has gathered and digested during its life
it gives back to the earth and again
becomes invisible
like the tellurian body
that I have been constantly shaping into a single entity and
which has been crashed, smashed, into thousands of
smithereens and elements,
because, I feel something has died in me,
something has ceased,
old and aged, like history.

translated by Stephen Watts
& Lela Dumbadze

mchadi – a sort of Georgian maize-bread
alucha – a sour-plum natural to Georgia
pelamushi – a kind of sweet porridge made from grape juice & flour
tatara – a popular sort of boiled & sweet grape juice
churchkhela – a typical Georgian confection made from dried tartara &
    stuffed with walnuts
machari – young, still fermenting wine
tkemali – a sour-plum fruit from which a famous tkemali sauce is made

წრე

მოდი, ჩამხედე ამ თვალებში, შიგნით ტბებია,
ჩაღამებული ყურეები მყუდრო დღეებით,
ზღვის სიშორეში შუაღამეს უერთდებიან
მთვარეში ნავით გადასული მეთევზეები.

თვალუწვდენელი ურჩხულების ვერცხლის პერანგით
ბზინავენ ზღვები მთვარის შუქზე. მლაშე სურნელით.
იძვრის ნიავი, როგორც მშვიდი ძილის სურვილი,
ვიდრე წრეს შეკრავს, შემოხაზავს მზის ბუმერანგი.

მოდი, ჩამხედე ამ თვალებში, სარკმლის, ფარდების
მიღმა, როდესაც ვარსკვლავეთის მხარე ინთება,
უფსკრულებია აქ ისეთი – შეგეშინდება
ციხე-კოშკიდან მონაზვნების გადმოვარდნები.

აქ ტყეებია ამ ტბებში რომ ირეკლებიან,
მთიდან ველებით ევლებიან ტყეს ფრინველები,
ტყეების შიგნით საიდუმლო ბილიკებია,
შემოიხედე – შენც ამ ტყეებს გადაევლები.

ერთი ჩახედვით, ერთი წამით და გაელვებით
ვნახოთ ქუჩები, სანაპიროს ქალაქები და
ტაძრის ბაღებში გადავძვრებით გალავნებიდან
და ბრმა მათხოვარს გზის პოვნაში მივეშველებით.

ცოტა ხნით ღმერთის გვეგონება მისი ხელები,
მაგრამ იცოდე ჩემს თვალებში ღმერთი არ არი,
აქ მხოლოდ მისი საფლავია, ზეთისხილები
ფარავენ და ჩვენც გავანათებთ საფლავს ფარანით.

ტაძრის გუმბათზე ნახავ როგორ თვლემენ მტრედები,
მსუქანი მღვდლები შეგხვდებიან ეჭვის თვალებით,
წამით ათასგვარ მწიკვლოვნებას დაგაბრალებენ
და ტაძრის ზღურბლთან მდგარ ხეიბრებს შეეფეთები.

სუნი გეცემა საზარელი, მაგრამ საკურთხის
და საკმეველის სურნელებაც მოვა შენამდე.
ასეთი ფერის განათება მხოლოდ წაკითხულ ზღაპრებშია
და სიზმრებშია. შიგნით შემოდი!

CIRCLE

Come and look in my eyes, into their lakes,
Blackened bays and intimate days,
The remoteness of the sea toward midnight
Fishermen in a boat sailing into the moon.

The silver shirt of a huge monster
Glitters the seas with moonlight. A briny smell.
And a breath of wind like a wish for peaceful sleep,
Before it closes the circle and boomerangs back.

Come and look into these eyes, beyond windows, curtains,
When the starry face is alight,
There are abysses here that scare you,
With nuns falling out of castles.

There are forests reflected in the lakes,
Mountain birds hovering over the valleys,
Secret paths in the forests,
Look inside, you will hover over these forests too.

In a single second's glance, in flashes
We see the streets, cities on the shore
And climb over the temple walls
And help blind beggars find the way.

For a while his hands will seem godly,
But beware – there is no God in my eyes,
There is only a grave, olives cover it,
And we will light up the grave with a lantern.

On the temple dome, you will see dozing doves,
Fat priests will meet you with suspicious eyes,
Will blame you for a thousand sins a second
And you will come across cripples at the threshold.

You're aware of the abominable smell, but
The scent of offerings will reach you too.
You have only read about such intense colours
In fairy tales and dreams. Come inside!

შენ ვერ გაიგებ ხმაურია თუ სიმშვიდეა,
არ ისმის სიტყვა, ისმის მხოლოდ ექო ბგერების,
შუაღამეში ეს ტაძარი ისე დიდია –
აქ ქრისტეს ძმებიც არიან და ქრისტეს მკვლელებიც.

მიწის მუშები, დურგლები და მებადურენი
აღსავლის კართან სიწმინდეებს ემალებიან,
კედლის ნაპრალში ხელისგულებს აფათურებენ
ზებრუხანები, იქვე ძველი მეძავეები

დგანან და მორცხვად ბუტბუტებენ. თუ აკვირდები,
ნახავ ლოცვანებს მათ ხელებში ოდნავ გადაშლილს,
ოდესღაც მათთან მეც ვიწექი – გაგიკვირდება,
იმათაც უკვირთ გამოჩენა შენი ტაძარში.

კოლონების ქვეშ კაცი რომ დგას და იმის ვაჟი,
მზვერავის თვალით გიყურებენ, მაგრამ ვერავინ
შეგბედავს სიტყვას, სულ აქ დგანან, ისე კი სახლში
მეთევზეთათვის ხომალდების აფრებს კერავენ.

მათთან მოდიან მეზობლები და სადილის წინ
ამბობენ ლოცვებს სამადლობელს, ბოლოში – ამინ!
თვალი თვალის წილ, როგორც არის, კბილი კბილის წილ
სხედან და ასე ჯამებიდან ხელებით ჭამენ.

აგერ, ფერდობზე რომ გაჰყურებს ზღვებს და ამინდებს –
ჩემი სახლია აკაციის ტყის პირას მდგარი,
ათასი წელი შეიძლება ისე გავიდეს,
რომ ვერ შევაღო საკუთარი სამყოფლის კარი.

არ ვიცი შიგნით ვინ დამხვდება, თუკი იქნება
ვინმე საერთოდ ამ ძველ სახლში. შევიდეთ, ვნახოთ.
სიზმარშიც მიჭირს ამ ადგილის, ამ გზის მიგნება,
ამ ხნის მანძილზე არ ვყოფილვარ მე ასე ახლოს

მასთან. ისევე დაბურული ეზო და ბაღი,
როგორც ოდესღაც და კედლებზე სურო ასული,
ქვის ქანდაკება, შადრევანი, გალავნის თაღი
მომადენს ცრემლებს, თუ რამხელა ჟამი გასულა.

You will not understand whether there is noise or calm,
Not a word is heard. Only the echo of some sounds.
At midnight, this temple is imposing –
There – Christ's brothers and his murderers.

Farmers, carpenters and fishermen
Supplicants for holy parts at the Eastern door,
Fumble with their hands in the wall cleft
The old men, the ancient whores

Standing there, mumbling shyly. If you look closer,
You will see prayer books, slightly open.
Some time ago, even I slept among them – you will wonder,
They too wonder why you are here in this temple.

The man and his son under the columns,
Look at you with spying eyes, but no one will
Dare to say a word, they just stand here, while
At home sails for fishermen's boats are sewn.

Neighbours come to them and before dinner
They pray in gratitude, ending with – Amen!
An eye for an eye, as written, a tooth for a tooth
Sitting and eating with their hands.

Here, looking out at the seas and weathers –
My house stands by acacia woods,
A thousand years might pass before
I could open the door to my dwelling.

I don't know who I will meet there, if anyone
Or who will be in that old house. Let's go inside and see.
I find it hard to find the place like this, even in my dream,
All this time I've never been so close to it

Again the shaded yard and garden,
As in the past, ivy climbing the walls,
Stone statue, fountain, garden-wall arch
Bringing me to tears – a long time has passed.

შენ გაოცება გადაგირბენს სახეზე, ბაგე
ოდნავ ღიმილით გაგეპობა, ბაღის ჩრდილი კი
აშრიალდება, გამოჩნდება სახლის ბილიკი
და მოწყურებულს გეტყვი; – ძველი ჭა არის აგერ.

ვენახის გვერდით! ჩემი სიღრმის უძველეს ჭიდან
წყალს ამოვიღებ და მოგაწვდი, ამ დროს კარები
მძიმე ჭრიალით გაიღება, აივნის ჩიტი
დაფრთხება და შენც მომეკრობი მიუკარება.

გარეთ გამოვა მამაჩემი შესული ხანში,
ფეხის ხმით მიცნობს, მეც ვიცანი მისი ფეხის ხმა,
უძღები შვილის იგავში თუ საკუთარ სახლში
აღმოვჩნდი. ამას მნიშვნელობა არ აქვს. ჩემი ძმა.

ჩემზე უფროსი ათასი წლით, უკან მოყვება
განათებული ლამფით ხელში მოხუც მამაჩემს.
ეს იყო ადრე – უარყოფა თუ ამბოხება,
ახლა ვდგავარ და უნებლიედ ველი განაჩენს.

დედა მოგვიკვდა ახალგაზრდა, ამ კაცის ცოლი,
ორივე იმან გაგვაჩინა, ცათა სიშორეს
მალე გაუყვა და მეც დედას ვგავარ და მგონი
ამ უეცარი განკითხვის წამს ეს თუ მიშველის.

ლოყაზე წვერით შემეხება და მამაჩემი
მეტყვის: მოხვედი, დაგვიბრუნდი! კიდევ ორ სიტყვას.
ჩვენ შიგნით შევალთ და ამ ღამით იქვე დავრჩებით
სახლში, რომელიც მოგვაგებებს სიზმრების სითბოს.

შემოიხედე ჩემს ოთახში, შემოდი, ნახე
ის, რაც ვერასდროს ვერ იხილეს სხვისმა თვალებმა,
მოვძებნოთ სხვენში ხელთუქმნელი მაცხოვრის სახე,
როგორც ჭრილობა, სიყვარული და შებრალება.

მონატრებული მამაჩემი გაგვიშლის სუფრას,
ჯერ შენს სტუმრობას დალოცავს და გაგეცინება,
მერე კი შვილებს გვადღეგრძელებს – უმცროსს და უფროსს,
ნამგზავრს და დაღლილს შენც ჩემს მხარზე ჩაგეძინება.

Astonishment will flicker on your face,
Lips will open in a slight smile, and the garden's
Shadows will rustle, house paths will appear
And, thirsty, I will tell you – here's an old well.

By the vineyard! From deep in my own ancient well
I will get water and it pass to you, while the door
Will creak open and the balcony bird will
Take fright and you will press against me.

My old father will step out, he will
Recognize the sound of my steps, and recognising his too,
I found myself in the story of the Prodigal Son
Returning home. It does not matter. My brother.

A thousand years older, following
My old father with a lantern in his hand.
It was in the past – denial or rebellion,
Now I'm standing and waiting for the judgment.

Our mother died young, wife to this man,
Gave birth to both of us, followed the remote
Line of skies and I look like my mother and it is
The only thing that can help me at this sudden judgment hour.

Touching my cheek with his beard, my father
Will tell me: You have come, you returned! And a couple
More words. We'll enter and stay there for the night
At the house that will meet us with the warmth of dreams.

Look into my room, come in, see
What has never been seen by other eyes,
Let's find the icon of the Saviour in the attic,
As the wound, as love and mercy.

My missing father will lay the table for us,
Will bless you as a guest and you will laugh,
Then he will bless our children – the elder and the younger,
And you will fall asleep on my shoulder, exhausted by travel.

და ძილში გეტყვი, რომ მიყვარხარ, რომ ვერ დავმალე მე
ვერაფერი თუკი გულში რამე მიცემდა,
ხვალ შენს თვალებში ჩავიხედავ, როცა მამალი
იყივლებს სამჯერ რიჟრაჟზე და გაგეღვიძება.

* * *

ეს სიყვარული გავდა ბავშვობის
დროინდელ ზაფხულს, აგარაკს, ნიავს
რაღაც უწინდელს, რასაც დავშორდი –
ხეებზე ღამეს, მთვარეს და ქლიავს.

წყაროზე წასვლას, დასუსხვას ჭინჭრით
ზღაპრებს ბუხრის წინ, საუბრებს გვიანს
და როგორ მტკივა, და როგორ მიჭირს,
როცა მკვდარია და თვალებ-ღია

ეს სიყვარული, ოდესღაც წიწკვი,
ნაძვის ახალი წიწვივით ბასრი,
სურნელოვანი შუადღის სიცხით
და ნაძვის ჩრდილში მოსული აზრით: –

"რომ შენ მიყვარხარ" და რომ ეს გავდა
მინდორში დევნას ფრინველის ჩრდილის,
თეთრ პერანგს გასვრილს ბალახით, ანდა
მუხლებზე სისხლს და მშობლების ჩივილს.

ეს სიყვარული ცივ წყაროს გავდა,
პეშვით რომ ვსვამდი და წყურვილს კლავდა,
რომლითაც იმავ ჭრილობებს ვბანდი
სულსა და სხეულს, მუხლთან და მკლავთან.

და სული ჩემი სიყვარულს ამას
ყველაზე მყუდრო სახლივით გრძნობდა,
აივნებიდან ხედავდა ლამაზს –
მზის ჩასვლასა და ამოსვლას სოფლად.

And while you are asleep, I will tell you I love you,
I could not hide whatever was beating in my heart,
I will look into your eyes tomorrow, when the cock
Crows thrice at the dawn and you will wake up.

* * *

This love seemed like childhood
Summer, holiday house, breath of wind
Something from the past that I lost –
Nights on trees, moon and plums.

Going to the spring, the bite of nettles,
Fairy tales in front of the fire, late talks
And how it hurts, how hard it is for me,
When it's dead, my eyes wide open

This love, once fresh,
Sharp as the fresh needle of a fir tree,
With the sting of midday heat
And the thought that comes in the fir tree's shade:

"That I love you" – and that it looked like
Birds' shadows chasing down the valley,
Or a white shirt dirtied with grass or
Blood on your knees and irksome parents.

This love was like cold spring water
I'd scoop up in handfuls to kill my thirst,
Cleansing the wounds
Of soul and body, knee and shoulder.

And my soul felt this love
Like the warm heart of home,
Watching from balconies the beautiful
Suns setting and rising in the village.

ეს სიყვარული უმთავრესს გავდა,
თვითონ სიყვარულს, სხვა ყველა განცდას
მას ვადარებდი – ცოლივით მყავდა
დასავით მყავდა, ძმას ვგრძნობდი მასთან.
ახლა კი მხოლოდ ხსოვნაში დამრჩა.

სეკვენცია

ანი ბანი და განი და
მართლა არ ვიცი რა მინდა,
ალბათ პატარა და მინდა
ღმერთო, დამინდე, ამინ, და
ანი ბანი და განი და.
მინდა ამოვძვრე კანიდან,
სიცოცხლე მინდა თავიდან.
სიკვდილი მინდა? – არ მინდა,
არა როგორმე გავუძლებ,
არა როგორმე ავიტან,
მხრით გოლგოთაზე ავიტან
დღეებს, რომელიც სვე-ბედმა
გამი-წვიმ-ავდარ-ამინდა.
ანი ბანი და განი და
სევდის სივრცე და განი და
ბედის ცამეტი განედი
ვერ გავისეგრძეგანე და
მისი უღრმესი ქანიდან
ვყვირივარ: ანი ბანი და
განი და დანი ზანი და
თანდათან თანი კანი და
ლანი და მანი მანი და
მე ნანი-ნანი-ნა მინდა.
ვეხფვის ტყავისა გაძრობა
ამ გატანჯული ტანიდან
და წასვლა იერუსალიმს,
კანას ქორწილში სმა მინდა.
მეგზურად მწყემსი ძმა მინდა:

This love was like the greatest love,
Like love itself, all other feelings
I compared to it – I held it like a wife,
Like a sister, it felt to me like a brother.
And now it remains only in my memory.

SEQUENCE

A and B and C and D
I don't understand what's happened to me,
I want a sister, I'll hold her hand, Amen
and B and C and D and
I want to escape this skin, I want to be free and
restart my life from the one-two-three and
run from death, I'll somehow manage,
somehow withstand, and I'll shoulder up to Golgotha
my Fate-dealt cards, my rotten hand
of rains and stormy destiny. *A*
and B and C and D and
I tried but I couldn't expand
on sadness's vast geometry and
fortune's thirteen latitudes,
I call out from its deepest C and –
A, B, C, D
and slowly surely *E, F* and
G, H, and I, I want a *J, K,*
la-la-la-lullaby, flay the panther's skin
from this body-be-damned, I'm going to Jerusalem,
I want to drink at the wedding at Cana,
I want shepherds to walk with, a brother-band.

პანი და ჟანი რანი და
ფანი და ღანი ყანი და
შანი ჩანი და ქანი და
ეზო-კარიდან, ყანიდან
მუნ ჩემი ბაღის ნაყოფის
მიტანა ქანაანიდან.
მე ცაზე ცანი ვცანი და
ჯანი და ძანი წანი და
მინდა გამოსვლა წამიდან,
ვეებერთელა ცა მინდა.
ვიწრო ბილიკის მაგიერ
ათი ათასი გზა მინდა.
გზა მინდა მნათობებიდან,
შენსკენ მავალი გზა მინდა,
მზის მუცელღების ხმა მინდა.
სანი და ჭანი ხანი და
ვერძის შუბლიდან, ხარიდან
ისევ მნათობთა გზა მინდა,
ყოველ მნათობში ანთებულ
საიდუმლოში წვა მინდა..
ყველა ვარსკვლავში წვა მინდა,
ყველა ვარსკვლავში სვლა მინდა,
ყველა ვარსკვლავის ცვლა მინდა,
მინდა გამოსვლა წამიდან,
ვეებერთელა ცა მინდა.
ანი ბანი და განი და,
ღმერთო, ამ შუბლის ამინდი
ცხრა მზით ამინთე, ამინ, და
ისევ ა-მინდა, ე-მინდა,
თეთრი ი-მინდა, ო-მინდა,
სანამ ცხოვრების ჰოემდე
მივალ ათასი ომიდან,
ერთი ძლიერი უ-მინდა,
სამოთხის ვაშლი უმი, და
მერე შენს გვერდით თუ გინდა,
ანი ბანი და განი და,
ღმერთო, დამინდე და მინდა.

M and N, O and P and
Q, R, S and T and
the fruits of my garden husbandry
brought in from fields in Canaan's sand.
I recognised U in the skies and
V and W and X and
I want to escape this moment, I want to see
two horizons celestially spanned.
I don't want the straight and narrow,
give me roads, I want ten thousand;
a road that leads from the moon and stars,
another that leads me to you,
I want the sound of the sun opening its belly and
Y and Z and A and B and
Aries' forehead, Taurus too, I want that road
to the spheres, I want to brand
every planet with its own hot secrets.
I want to go to every star,
I want to burn in every star,
I want to transform every star,
I want to escape this moment, I want
skies, firmaments blue and grand.
A, B, C and D and
O God, brighten my forehead's forecast
light up like nine suns, Amen, and
now A-want, E-want
white I-want, O-want
I'll flee from wars, from land to land
until I reach this life's *Ω-want* –
one great *U-want,*
one raw paradise apple and
then next to you, if you want.
A, B, C and,
God, understand – I want a sister.

                    translated by Adham Smart

SHOTA IATASHVILI

PHOTO: © MAKA GOGALADZE

SHOTA IATASHVILI was born in 1966. From 1993-97, he worked as an editor at the Republic Centre of Literary Critics for the literary newspapers *Rubikoni* (Rubicon) and *Mesame Gza* (Third Way) and was editor-in-chief of the newspaper *Alternative* published by Caucasian House, for whom he worked he was an editor from 1998. He is currently editor-in-chief of the journal *Akhali Saunje* (New Treasure).

In 2007 he received the Saba Award for Best Poetry Collection of the Year for *Until It's Time* (2006) and in 2011, the Saba Award for Best Literary Criticism for *Tidying Up* (2010). In 2009 he received an award at Kievskie Lavri literary festival (Kiev, Ukraine).

His works have been translated into English, German, French, Dutch, Portuguese, Romanian, Russian, Ukrainian, Belarusian, Estonian, Latvian, Polish, Turkish, Albanian and Azerbaijani. He has participated in international literary festivals in Romania, France, the Netherlands, Russia, Estonia, Latvia, Ukraine and Turkey, and in a seminar of translators at Casa de Mateus, Portugal, where his poems where translated into Portuguese.

He has published six poetry collections and has collaborated on two further collections.

დამიზეპირე დღეს საღამოს

დამიზეპირე დღეს საღამოს.
მერე დაწექი, დაიძინე.
დილით, როგორც კი გაიღვიძებ,
გამიმეორე.
მე ვიწვები შენ გვერდით და
ტკბილად ვიძინებ.
სიზმრად განახავ ჩემზე თავდახრილს და
მობუტბუტეს.
განახავ, როგორ უყვები ჩემს თავს
ხეებს, ვარსკვლავებს.
როგორ გადიხარ ქალაქში და
ყოველ შემხვედრს აზარებ საგანს,
სახელად «შოთა».

დამიზეპირე ყოველ საღამოს.
მერე იძინე ან იფხიზლე,
ხოლო დილით
ჩამაბარე ხალხსა და ნივთებს,
ლოცვას,
ბალახებს.

იქნებ ლექსი ვარ,
იქნებ კაცი,
იქნებ ბამბუკი.

დამიზეპირე.
ან, ბოლო-ბოლო, დამიზუთხე –
მე ესეც მაწყობს.

LEARN ME BY HEART

Learn me by heart this evening,
then lie down and go to sleep.
In the morning, when you wake
repeat me.
I shall lie down by your side
and go sweetly to sleep.
I shall see you in my dreams with your head bent over me
murmuring.
I shall dream of you telling the trees and stars about me
and asking everyone you meet on your way to town to test you
on the subject of 'Shota'.

Learn me by heart every evening,
then go to sleep or stay awake,
but in the morning
recite me to people and to things,
to prayer,
to grass.

Perhaps I'm a poem,
a man,
bamboo.

Learn me by heart,
or just by rote –
that's fine by me.

ავტობიოგრაფია i

იყო დრო,
ის ფიქრობდა ასე:
გაუგებარია – ღმერთი
გასაგებია – კუბიკი
ზუსტია – პარალელეპიპედი
ძნელია – სახლი
სახლშია – კუბიკი
კუბიკშია – ღმერთი
ღმერთშია – გასაგები და ა.აშ.

მერე იყო დრო,
როცა თხზავდა ასეთ კუპლეტებს:
გამოვდიოდი გარეთ,
ამოდიოდა მზე,
მიღებდნენ ლუდის ბარებს,
ასფალტს უგებდნენ გზებს.

შემდეგ ასე დაიწყო წერა:
მე შენ მიყვარხარ,
ისე, როგორც სულ არავის დედამიწაზე…
მე შენ მიყვარხარ,
და ყოველ დილით ველოდები,
როდის ამოვა მზე, ჩემი სახლის
მძიმე კარი როდის, როდის გაიღება
და ღმერთო, როდის
დავიძვრები შენი გულისკენ…

ეს დროც გავიდა,
და დაჯღაბნა:
ამის კარგიც,
ფუ, ამის კარგიც!…
იყო მომენტი, გაიფიქრა:
რა არის ნეტა
ეს კარგადყოფნა ან ცუდადყოფნა…
ხოლო მერე:
ქარი ხან ჰქრის და ხან არა ჰქრის,
ფოთლები კი სულ მიჰქრიან თურმე ქარდაქარ.

AUTOBIOGRAPHY

There was a time
when he thought:
God – unclear
Cube – clear
Parallelepiped – precise
House – difficult
There's Cube in House
There's God in Cube
There's Clear in God etc.

Then there was a time
when he composed such rhymes:
I went out one morning
the Sun was coming up
the pub pulled out its awning
and I began to sup.

Then he started writing like this:
I love you,
like no one else on earth…
I love you
and every morning I wait
for the sun to rise, for the heavy door
of my house to open and when it does,
oh heavens, for you to take me to your heart…

This time passed too,
and he scribbled:
Damn it,
Fuck it! Damn it!
There was a moment when he thought:
what it is like to feel good or bad…
And then:
sometimes the wind blows or it doesn't
and apparently carries the leaves away.

აი, ბოლოს კი
მწოლიარემ ლოგინში, თავის
მწვანე კედლებს შეხედა და გაახსენდა:
პარალელეპიპედი,
კუბიკი,
სახლი,
ცხოვრება,
ღმერთი... – მარტივია, რთულია, ზუსტი...

ფული

ჩემი ფული ლამაზია.
აგერ ყვავილი, ხე, ცა,
«ჯოკონდა»,
ისინი ლამაზები არიან,
მაგრამ ლამაზია ჩემი ფულიც.
ჯიბეში მიდევს და ხელით ვეხები _
პატარაა და საყვარელი.
ისე გაუპრანჭავად მომხიბვლელია,
შემიძლია გაჩვენოთ კიდეც,
და ღილ-კილოზე მივიბნიო ტიტასავით.

ჩემი ფული,
ჩემი ფული...

ის წარმოდგენაა ფერადოვანი,
ის ღარიბი დეკორაციაა,
ის არარსებობის კრიალა კანია.

ავახევ და არსებობაში შევალ,
იქ, სადაც ყვავილია, ხეა, ცაა,
«ჯოკონდაა».

And finally,
lying in his bed, he
looked at the green walls and remembered:
Parallelepiped
Cube
House
Life
God... simple, difficult, precise...

MONEY

My money is beautiful.
Look at a flower, a tree, the sky,
at "La Gioconda",
they are beautiful,
but my money also is beautiful.
I've got it in my pocket
and I'm touching it with my fingers –
it's small and lovely,
it is so attractive without any make-up,
I can even show it to you,
I can bind it into the collar of my coat
like a tulip.

My money,
my money...

It is a flamboyant performance,
it is a poor decor,
it is the clear skin of non-existence.

I will strip it away and step into existence.
where there is a flower, a tree, the sky,
"La Gioconda".

შევალ.

შევალ.

ერთი ბილეთი ჩემთვის,
ერთიც თქვენთვის – გპატიჟებთ.

იცით, ცხოვრება ლამაზია,
თუ მასში ლამაზი ფულით აღწევ.

როცა მოვხუცდები,
ვფიქრობ, ჩემი ლამაზი ფული
ცხოვრების მუზეუმს გადავცე
მუდმივ ექსპოზიციაში.

ადამიანები მოვლენ და დატკბებიან
ჩემი ლამაზი ფულის ცქერით.

ისინი იდგებიან დიდხანს, აღელვებულები,
მერე წავლენ სახლებში და იფიქრებენ იმაზე,
თუ რა კარგია,

როცა გაქვს ლამაზი ცხოვრება,
ლამაზი სახლი,
ლამაზი ლექსი.

ისინი იფიქრებენ იმაზე,
თუ რა კარგია,
როცა შენი ფული ლამაზია,
ისე, როგორც შენი ფეხმძიმე ცოლი.

I'm stepping in

I'm stepping

One ticket is for me,
another's for you – I'm inviting you.

You know, life is beautiful –
if you enter it with beautiful money.

When I get old,
I will think of leaving my beautiful money
to the museum of life
on permanent loan

People will come and enjoy
looking at my beautiful money.

They will stand there a long time, excited,
then they will go home and reflect on
how good it is

to have a beautiful life,
a beautiful house,
a beautiful poem.

They will think
how wonderful it is,
when your money is as lovely,
as your pregnant wife.

translated by Stephen Watts
& Lela Samniashvili

ლირიკა

შენი თოჯინაა ლირიკა,
კაბას ხდი და აცმევ, ვარცხნი,
იჭერ ცალი ხელით და აყირავებ,
რათა მინაბოს თვალები,
მეორე ხელის თითებით კი
აპრეხილ წამწამებში წასწვდები ხოლმე
და ცალ თვალს ახელინებ,
ცივად მომზირალს,
გაუგებარი ფერისას –
ახელინებ, ახუჭვინებ და
ახუჭვინებ, ახელინებ,
მოგწყინდება და ისევ წინ ისვამ,
მაგიდაზე,
ძველებურად თვალებდაჭყეტილმა
რომ შემოგხედოს,
შენ კი დააწყვიტო კიდურები და
ხელები ფეხების,
ფეხები კი ხელების
ადგილას მიაბა –
ჰო, შენი ასეთი თოჯინაა ლირიკა,
მოშლილი მუცლით,
ისეთი მოშლილით, რომ
როცა აყირავებ,
ტირის კი არა,
საერთოდ აღარ იღებს ხმას,
მხოლოდ ცალ ქუთუთოს ამოძრავებს,
თვალს აპაჭუნებს თითქოს და
რაღაც საიდუმლო – იქნებ ცხოვრების? – იცის,
შენ კი შენს საექიმო ყუთს
ხსნი საპასუხოდ,
და გულს უსინჯავ ფონენდოსკოპით,
და შპრიცს უკეთებ
ბარძაყის ადგილას მიბმულ მკლავში –
უკეთებ და გრძნობ,
როგორ მშვიდდება იგი,
და მშვიდდები შენც,
ხვდები რადგანაც,
ასეთი თოჯინა უნდა იყოს შენი ლირიკა,
თმაგაწეწილი და

LYRICISM

Your lyricism is like a doll,
you take its dress off and put it on, you comb its hair,
you hold it in one hand and turn it upside down
to make it shut its eyes,
and with the fingers of the other hand you take hold of its
    curled eyelashes
and make it open one of its eyes,
which looks coldly
and has no definite colour –
you make it open, make it close,
close it and open it again.
You get bored with it and you put it down facing you
on the table,
so that, as before, it can look at you
with its eyes wide open,
but you have ripped off its limbs
and fixed arms where there should be legs,
and legs, where there should be arms.
Yes, your lyricism is one of these dolls
with an upset stomach,
so upset that,
when you turn it upside down,
it can't make another sound,
let alone cry.
It only raises a single eyelid,
as if it is winking, and
knows some secret – perhaps of life?
But you open your medicine chest
in response,
and you test its heart with a stethoscope,
and give it an injection
in the place where the thigh joins the shoulder –
you inject it and feel
it calming down,
and yourself calming down,
for you realise,
your lyricism must be this sort of doll
with its hair ruffled and

ალუბლის მურაბით გაწებილი
კაბით შემოსილი,
ცალთვალამოგდებული,
მუცელმოშლილი და
ხელფეხარეული.
ასეთი თოჯინა უნდა იყოს შენი ლირიკა,
სანამ თავს არ დაანებებ
სიყვარულს,
შპრიცს,
თოჯინებს...
თოჯინებით თამაშს.

ტანსაცმლის ოდა

არ შეუქმნია ღმერთს ადამიანი დედიშობილა.
ღმერთმა იგი ტანსაცმლით შექმნა.
საცვლებით, კაბით, შარვლით, წინდებით...
ადამიანი ტანსაცმლითაა ადამიანი...
როცა აცვია, სხვანაირად ფიქრობს, მეტყველებს,
სხვანაირად იღიმება, სხვანაირად უყვარს მოყვასი...
საკუთარი თავის სჯერა, საკუთარ თავს გრძნობს...
მხოლოდ ჩაცმული ადამიანი ართმევს ხელს ჩაცმულს,
მხოლოდ ჩაცმული ხატავს შიშველს,
მხოლოდ ჩაცმული მღერის "წინწყაროს" და ცეკვავს "ხორუმს"...
ადამიანი ღმერთმა ქუდით და ფეხსაცმლით შექმნა.
შექმნა თუნდაც პიონერის ყელსახვევით, შარფით, ჰალსტუხით...
კაცი ჩაცმულ ქალს უმიჯნურდება,
ჩაცმულს ჩუქნის ყვავილებს და პირველად კოცნის...
ქალიც შემოსილ მამაკაცს ეტრფის...
და საერთოდ, სიყვარული თუკი არსებობს,
ეს იმიტომ, რომ ადამიანს როდესაც ქმნიდა,
ღმერთს გარდერობი ჰქონდა მისთვის გამზადებული...
გარდერობში ქალისათვის იყო თავშალი,
იყო ჩადრი,
იყო კორსეტი...

sticky with morello cherry jam,
wearing a dress,
with one eye knocked out,
with an upset stomach and
arms and legs mixed up.
This sort of doll must be your lyricism,
until you give up
love,
injections,
dolls…
playing with dolls.

translated by Donald Rayfield

ODE TO CLOTHES

God didn't make humans naked,
God created them with clothes.
With underwear, a dress, trousers, socks…
A human being is human because of clothes…
When he's dressed, he thinks and expresses himself differently,
smiles differently, loves his neighbour differently,
believes in himself, feels himself.
Only a clothed human being shakes hands,
only a clothed human being paints a naked one,
only a clothed human being sings *C'inc'q'aro* or dances *Khorumi.*
God made human beings with hats and shoes,
although he also made them with Pioneers' cravats, scarves
    and neckties.
A man becomes infatuated with a clothed woman,
he is clothed when giving her flowers as a present and kissing
    her for the first time…
And a woman too falls in love with a clothed man…
And, in general, if love does exist,
it is because, when he was creating humans,
God had a wardrobe ready for them.
In the wardrobe was a headscarf for the woman,
there was a veil,
there was a corset.

მამაკაცისთვის – ანაფორა, ბუშლატი, ჩოხა…
ერთისთვის – კვართიც…
ადამიანი ღმერთს ჩაცმულიც და შიშველიც უყვარს,
მაგრამ მეტად უყვარს ჩაცმული…
ღმერთი არის ჩვენი პირველი ჭეშმარიტი დიზაინერი…
ერთხელ მოხდა: მეცნიერი აბაზანაში შიშველი იწვა
და სამყაროს ერთი კანონი აღმოაჩინა.
მაგრამ ეს ერთხელ.
ამის შემდეგ სამყაროს ახალ და უფრო ღრმა საიდუმლოებს
მეცნიერები შემოსილნი სწვდებიან ხოლმე…
ელექტროზა, ტელევიზია, ავიაცია თუ ინტერნეტი
ტანსაცმელმა გამოიგონა…
ტანსაცმელი გენიოსია!…
ტანსაცმელიწერსშედევრებს:ბატისფრთითთუკომპიუტერით…
ტანსაცმელი წმინდა წიგნებს წერს…
ტანსაცმელი წმინდანია,
ტანსაცმელი ესთეტია,
ტანსაცმელი ბრძენზე ბრძენია…
გამორჩეული ტალანტი აქვს თითოეულს:
მაგალითად, ტოგა არის ორატორი, ფილოსოფოსი,
პარიკი არის მეცნიერი ან მუსიკოსი,
მაისური – ფეხბურთელი, ხელბურთელი, კალათბურთელი…
კომბინეზონი იცმება ტანზე,
თავზე სკაფანდრი იხურება და ადამიანი ზეცაში ადის…
(ღვთის გარდეროზში სომბრეროებთან,
შლაპებთან და კეპებთან ერთად
სკაფანდრებიც ეკიდა თურმე…)
რომ არა ასე, ადამიანი მთვარეზე თავის შიშველ ფეხისგულს
ვერასოდეს ვერ დაადგამდა…
ჯერ ჩაიცვით-დაიხურეთ ხალხნო და მერე…
გაეშურეთ კოსმოსისკენ…
ჯერ ჩაიცვით-დაიხურეთ და…
მერე ეშმაკსაც წაუღიხართ – შახტაშიც ჩადით…
პირველად იყო…
ლამის პირველად იყო მგონი ტანისამოსი…
რაც იგი იქმნა,
ადამიანი-ტანსაცმელი პირჯვარს იწერს,
ლოცულობს და ნამაზს აკეთებს…
ადამიანი-ტანსაცმელი თავის მეგობარ
ადამიან-ტანსაცმელებთან ერთად ღვინოს სვამს
და ყველაფერ ადამიანურ-ტანსაცმლურზე საუბრობს მათთან…

For the man – a surplice, a pea-jacket and a tunic,
For *one chosen man* a shroud…
God loves man both clothed and naked,
but he prefers him clothed.
God is our first true designer…
Once upon a time a learned man got naked into the bath
And discovered a law of the universe,
But that was just once.
Since then clothed scientists have attained new and deeper se-
    crets of the universe…
Electricity, television, aviation, or the internet
were invented by someone clothed.
Clothes are genius!
Clothes write masterpieces – with a goose quill or a computer.
Clothes write holy books,
clothes are saints,
clothes are aesthetes,
clothes are wiser than the wise…
Every single person has clothes for his particular talent,
for example, a toga is an orator, a philosopher;
a wig is a scholar or a musician,
a tee-shirt is a footballer, handball player or basketball player.
A man puts a helmet
on his head and ascends into heaven
(God had, apparently,
not just sombreros, hats and capes in the wardrobe, but helmets too)…
Were this not so, man could never
have placed the soles of his bare feet on the moon…
People! first put on the right clothes and headwear, and then
    rush for the cosmos…
First put on the right clothes and headwear, and then let the
    devil take you –
go down the mine shafts, too…
In the beginning…
I think in the beginning there were clothes,
which He made.
A Clothes-man crosses himself,
prays and does namaz.
A Clothes-man drinks wine
with his Clothes-men friends
and converses with them about all kinds of Clothes-men things…

ადამიანი-ტანსაცმელი მიწას ხნავს და მოსავალს იმკის...
ჩაცმულ-დახურულ ადამიანს შეეწიე, მაღალო ღმერთო!...
თავის შორტთან,
თავის ჯინსთან,
თავის ფრაკთან ერთად დალოცე!...
დალოცე თავის ჩუსტებთან ერთად,
სახლში მშვიდად რომ დაბაჩუნობს
და ოჯახურ სიმყუდროვეს ქმნის!...
დაულოცე აჭიმები, ლიპები და პანტალონები!...
საცურაო კოსტიუმიც დაულოცე,
რადგან უკვე მეორე დღეს
საკუთარი დიადი ნებით
ხმელეთთან ერთად ზღვაც გააჩინე...
და თუ ასეა, დალოცე ყველა სექენდ-ჰენდი,
ყველა საფირმო მაღაზია თავის სეილით!...
დალოცე ყველა თერძი, ხარაზი, მოდელიორი...
დალოცე ხელი იმ ქალისა, რუდუნებით რომ შეუკერა
იესოს კვართი...
სამკერვალო ფაბრიკები დალოცე, ღმერთო!...
დალოცე, რადგან ადამიანი ტანსაცმლითაა ადამიანი...
ტანსაცმლით ცხოვრობს, იტანჯება, შრომობს და უყვარს...
ხოლო როცა იმქვეყნად წავა,
ტანსაცმელი მას ცოტა ხნით დაიცავს კიდეც...
ის გმირივით ჭიაღუების გააფთრებულ შემოტევებს
    შეეწირება...

ღმერთო ძლიერო, კიდევ კარგი,
არ შექმენი ადამიანი დედიშობილა,
კიდევ კარგი ჩაცმული და დახურული შექმენი იგი!

A Clothes-man ploughs the earth and reaps the harvest…
Look kindly on the dressed and behatted man, God on high!
With his shorts, his jeans, his dinner jacket, bless him!
Bless him with his slippers,
when he quietly potters about the house
seeing to the family comforts!
Bless his braces, his briefs and long-johns.
Bless his swimming costume, too,
because on the very same second day
by Your own great wish
You created the sea as well as the land…
And if this is so, bless all second-hand clothes shops,
all own-brand outlets with their sales!
Bless every tailor, cobbler, modeller.
Bless the hand of the woman who devotedly
Stitched Jesus's shroud.
Bless, O God, clothes factories!
Bless them, for humans are human by their clothes…
Man lives, suffers, labours and loves by clothes,
and when he departs for a better world,
clothes preserve him for a little longer…
until like heroes, they are sacrificed to the frenzied attacks of
     the worms…

God Almighty, it is good, too,
that you didn't create man naked,
good that you made him clothed and behatted.
                              translated by Donald Rayfield

ვერის ბაღის კაფეს ოფიციანტს

შენი ორი წინ გაშვერილი ხელით
მოგვიტანე ზაფხულის გრილი მელოდიები,
სურნელები,
მკაფიო ზმანებები.

შენი ორი წინ გაშვერილი ხელით
დაგვაპურე,
დაგვამშვიდე.

შენი ორი წინ გაშვერილი ხელით
გვითხარი _ «ლამაზი და ამაოა ყველაფერი».

შენი ორი წინ გაშვერილი ხელი
მართალია და მოძრაობს
მიწის ერთ პატარა მონაკვეთზე,
გამიზნულად და სევდიანად.

შენი ორი წინ გაშვერილი ხელი
ტოლობის ნიშანია
სიცოცხლესა და სიკვდილს შორის დასმული.

და გთხოვ,
შენი ორი წინ გაშვერილი ხელი
აიშვირე ზემოთ
და გვაჩვენე
ვინ არის იქ,
ვინც ამ ყველაფერს მართლა გვიგზავნის
ვერის ბაღის კაფეს ორადგილიან მაგიდასთან
მე და ჩემს მეგობარს დღეს,
1998 წლის 30 ივლისს, საღამოთი.

TO A VERIS PARK CAFÉ WAITER

With your two hands stretched out
you brought us the cool melodies of summer,
delicious smells,
distinct visions.

With your two hands stretched out
you fed us and
you calmed us down.

With your two hands stretched out
you told us – "everything is beautiful and vain."

Your two hands stretched out
are truthful and move
over this small plot of earth,
sadly but with purpose.

Your two hands stretched out
are the mark of equality
between life and death.

And I ask you
to point
your two stretched out hands
upward
and to show us
who is there –
the one, the real sender of all this
to me and my friend at the two-seat table
in Veris Park Café, today
July 30, evening, 1998

translated by Stephen Watts
& Lela Samniashvili

მეტეოროლოგიის გამიჯვნა პოეზიისაგან

"და წავალ ქარში, როგორც მოცარტი,
გულში სიმღერის მსუბუქ ზვირთებით..."
გალაკტიონ ტაბიძე

I

საბოლოოდ უნდა ეთქვას უარი
სტიქიური მოვლენების აღმნიშვნელ სიტყვებს.
განსაკუთრებით ადამიანის სულიერი განცდების
და განწყობილებების გამოხატვისას.
აწმყო-მომავლის პოეზია ამის გარეშე უნდა აიგოს.

II

ფანჯარაში ვიყურები.
ლექსებში ათასჯერ გადამღერებული წვიმა წვიმს.
ლექსებში ათასჯერ გადამღერებული თოვლი თოვს.
გავდივარ გარეთ.
არაფერი პოეტური არაა ქარში.
მხოლოდ შარვალს მიფართხუნებს,
ცხვირ-პირში მცემს და აზრს მიბნევს,
რაც პრაქტიკულად ადასტურებს
ჩემს თეორიულ მოსაზრებას:
პოეზია და მეტეოროლოგია
თანდათანობით შემოსწყრნენ ერთმანეთს და
ახლა უკვე ის დროა,
დამოუკიდებლად მიხედონ თავს.

III

ჩემი ბებია (მამის მხრიდან) – მარიამ იათაშვილი,
მეტეოროლოგი იყო.
ჩემი ბაბუა (დედის მხრიდან) – პარმენ რურუა,
პოეტი.
ბავშვობიდან ყველაზე პოეტურად ჩემთვის
სხვადასხვანაირი ღრუბლების აღმნიშვნელი

DRAWING A LINE BETWEEN METEOROLOGY AND POETRY

And I will go to the wind, like Mozart,
gentle breaking waves of song in my heart
GALAKTION TABIDZE

I

Finally one should refuse to use
Words denoting elemental phenomena,
Especially when depicting
Human spiritual experiences and frames of mind.
Poetry in the present and future tenses must be constructed
  otherwise.

II

I watch through the window.
The rain rains in poems sung for the thousandth time,
The snow snows in poems sung for the thousandth time.
I go outside.
There's nothing poetic about the wind.
It just makes my trousers flap,
Strikes my face and confuses my thoughts,
Which pretty well confirms
My theoretical deliberations:
Poetry and meteorology
Have over time come to quarrel with each other,
And now's the time for them
Each to mind their own business.

III

My grandmother (on my father's side), Mariam Iatashvili,
Was a meteorologist.
My grandfather (on my mother's side), Parmen Rurua,
Was a poet.
Since childhood the things that sounded most poetic to me
Were the names of various types of cloud.
My grandmother would point to the sky and teach me,

ტერმინები ჟღერდა.
ბებიაჩემი ცაზე მითითებდა და მასწავლიდა ხოლმე:
"კუმულუსი, სტრატოკუმულუსი…"
მაგრამ მას შემდეგ დიდი დრო გავიდა.
და მე დღეს,
რაოდენ სამწუხარო და უცნაურიც არ უნდა იყოს,
მეტეოროლოგიის არაპოეტური ბუნების და
პოეზიის არამეტეოროლოგიური ბუნების
მამხილებლად გამოვდივარ.

IV

ალბათ ხვდებით,
ეს არ არის იოლი საქმე.
მითუმეტეს, როცა თავად გაქვს დაწერილი ასეთი
სტრიქონები:
"სულში ქარია თვალწყლიანო ჩემო მარია,
სულში ქარია სიბნელეა თუ ცისმარეა…"
და კიდევ არაერთი ამის მსგავსი.
ჰო, ეს არ არის იოლი საქმე.
მაგრამ მე მაინც ვაკეთებ ამას,
რათა მომავალ ცხოვრება-პოეზიაში
ჩემი თვალებიდან არ იწვიმოს,
თმებზე არ დამათოვოს,
სულში არ მიზოგინოს ქარმა.

V

მე დავწერე ეს ლექსი,
როგორც პოეზიის ამინდის პროგნოზი და
ქუჩაში გავედი,
სადაც არაპოეტური ქარი
შარვალს მიფართხუნებდა და
ცხვირ-პირში მცემდა.

"Cumulus, stratocumulus."
But a lot of time passed after that.
And today I,
However regrettable and odd it may be,
Am coming out with an exposé
Of the unpoetic nature of meteorology
And the unmeteorological nature of poetry.

IV

I expect you realise,
This is no easy subject.
All the more so if you've written lines, like:
"The wind is in the soul, O watery-eyed Maria,
The wind is in the soul, whether it's dark or day-long light..."
And quite a few similar other things.
Yes this is no easy subject.
But I am nevertheless doing this
So that in future life and poetry
There should be no rain falling from my eyes,
No snow falling on my hair,
No wind lurking in my soul.

V

I wrote this poem
As a weather forecast for poetry
And I walked out into the street,
Where an unpoetic wind
Flapped my trousers and
Hit my face.

translated by Donald Rayfield

GAGA NAKHUTSRISHVILI

PHOTO: © KIKALASTUDIO

GAGA NAKHUTSRISHVILI was born on 2 September 1971 and graduated from the Faculty of History, Ivane Javakhishvili Tbilisi State University in 1993. He studied at the Goethe Institute in Rotenburg, Germany and in Perugia, Italy. Since 2013 he has worked as a lecturer in Contemporary World Literature at Ilia Chavchavadze State University.

In 2003 he was awarded one of the most important literary prizes in Georgia, the Saba Prize for the Best Collection of Poems.

He has published nine collections of poems and a play for marionette theatre (in collaboration with Zaal Kikodze) which was staged at the Basement Theatre in Tbilisi.

არა მეგობარო

გიო იოსელიანის ხსოვნას

არა, მეგობარო, აქ უარესია,
აქ გაიფანტება იმედი, ნიჭი.
აქ ქრება ოცნება, ოცნება – მესია,
ღვინით და თუთუნით სიმშვიდეს ვიმკით.

არა, მეგობარო, არა ღირს ცხოვრება,
არა ღირს ცხოვრება, რომც იყო ქრისტე,
არა ღირს ნუგეში თუ ყულფის მორგება,
არა ღირს!.. არა ღირს!.. რა გითხრა კიდევ.

არა, მეგობარო, არა ღირს ღიმილი,
მე ვიცი, ღიმილსაც დაახრჩობს ბოღმა,
არა ღირს, იცხოვრო ღმერთივით, ვირივით,
არა ღირს, იცხოვრო ფხიზელმა, ლოთმა.

არა, მეგობარო, არა ღირს სიმშვიდე,
არა ღირს იყვირო, გაჩუმდე მორცხვად,
არა ღირს სიყვარულს, სიხარულს იმკიდე,
ტალახში გასვრიან სიწრფელეს როცა.

არსებობს წამება, წამების სიჩქარით
შენს ხსოვნას ვაჩუქე ერთ-ერთი წამი,
ტკივილით, უაზროდ რაღაცა გითხარი
უშენო, თოვლიან, ყინვიან ღამით.

არა, მეგობარო, აქ აღარ დაბრუნდე,
აქ გაგეფანტება ოცნების ნიჭი,
ოცნება დაალპეს, წაბილწეს, გაქურდეს,
ცრემლსაც კი დაკარგავ ლამაზი ბიჭი.

NO, MY FRIEND

i.m. Gio Ioseliani

No, my friend, here it's much worse,
hope and talent will be wasted here,
dream disappears here, dream-messiah,
we harvest calm with tobacco and wine.

No, my friend, this life's not worth living,
life's not worth living even as Christ,
sympathy's nothing, a noose for the hanging,
nothing, nothing, what else can I say.

No, my friend, smiling is useless,
I know that spite will strangle a smile,
useless to live whether sober or drunk,
useless to live like a god or a mule,

No, my friend, calm is worth nothing,
it's as useless to shout as to hold your peace,
it's not worth harvesting love and rejoicing
when truth is trodden into the mud.

In its sudden speed, it's torture to me
for even a second to bring you to mind,
painfully, on a worthless night
I told you something empty into the cold.

No, my friend, don't come back here,
you'll waste away your talent of dreaming,
dream goes rotten, is robbed, humiliated,
your tears will run dry, you beautiful boy.

ფოლკნერის დათვი

მე დამესიზმრა ფოლკნერის დათვი.
ჰო, შეიცვალა ხანი, ბუნება,
ახლა უცხოა ხალხისთვის ხალხი,
უღრან ტყეებში მსურს დაბრუნება.

როცა მწყინდება ჭერი და სახლი
და ქუჩაც ჩემთვის უცხოა როცა,
მე მესიზმრება ფოლკნერის დათვი,
მიყურებს, მელის, მეძახის, მოთქვამს.

და მენატრება მწვანე რტოები – იქ
შეიძლება თავის დაღწევა – და
უღრან ტყეში განმარტოებით,
მარტოობისგან მინდა გაქცევა.

ვინც მყვარებია, დამტოვებს ნელა
და აღარ ვიცი, ვინ შევიყვარო.
ღამის ქალაქში უღმერთოდ ბნელა,
მე შენთან მოვალ, ეჰ, მეგობარო!..

მე შენთან მოვალ, ქალაქს დავტოვებ,
რადგან ბევრი გვაქვს, ალბათ, საერთო,
არ შეგვაწუხებს ჩვენ სიმარტოვე –
გიამბობ რამეს, ერთად გავერთოთ.

FAULKNER'S BEAR

I saw Faulkner's Bear in a dream
the times and nature both have changed.
Now people are strangers to each other
I wish to return to the forest's dark

When I am bored by these four walls,
and all the streets feel foreign to me,
then I dream of Faulkner's Bear
waiting for me, calling, wailing.

I long for green twigs –
you can escape there –
and in the dark wood, all alone
I can flee loneliness

Whoever I loved will abandon me slowly,
who's there to fall in love with now?
This night city is godlessly dark.
It's time I came to you, my friend.

leaving the city, I'll come to you –
we may have much in common –
we won't be troubled by loneliness,
I'll tell you stories to amuse us.

თეთრი ცხელება

მოჩვენებები სტოვებენ ბინას,
სადღაც მიქრიან შავი ცხენებით,
მარტოობისგან ვიღაცა გმინავს,
რუხი დღეები თეთრი ცხელებით.

ექვები ყოფნას ისევ წამლავენ,
ვიღაცა კარგავს იღბალის ჩანთას,
ტრამალს მოჰყვება ისევ ტრამალი,
არავინ არ ჩანს, არავინ არ ჩანს.

არ ჩანს მირაჟი... თუნდაც მირაჟი,
რამდენიც გინდა ათვალიერე,
ცა დაეცემა უცებ მიწაზე,
და რჩება მაღლა სიცარიელე.

მოჩვენებები სტოვებენ საკანს,
იპარებიან შავი ცხენებით,
ტყვიები ვეღარ შველიან ნაგანს,
და სიჩუმეა მხოლოდ შედეგი.

და რჩება მხოლოდ სიჩუმის შიში,
და შავი, შავი, შავი ცხენებით,
რუხი დღეები გვტოვებს და მიქრის,
რუხი დღეები თეთრი ცხენებით.

WHITE FEVER

Ghosts flee the dwelling
rushing away on black horses
someone moans in loneliness.
Grey days full of white fever.

Doubts still infect our being,
someone's bag of luck has run out.
Steppe stretches away to more steppe,
no one to be seen, no one to be seen.

Nothing, not even a mirage in sight.
Even when you examine it all closely.
The sky falls abruptly to earth
leaving emptiness in its reaches.

Ghosts flee the cell,
escape on black horses
A Nagan full of bullets is still useless
Only silence left.

And the fear of that silence,
with black, black horses.
Grey days rushing away from us.
Grey days on white horses.

გადაბრუნებული დედამიწა

არაფერს ვგმობ და არაფერს ვებრძვი,
და სიტყვით ვინღა უნდა ვაცდუნო,
სად არის ღერძი, მომეცით ღერძი,
დედამიწა რომ გადავაბრუნო.

რომ არაფერი აღარ შევცვალო
და დასალევიც უკვე დავლიე,
რომ აღარავინ არ შევიყვარო,
მხოლოდ ვუყურო ზეცას ცარიელს.

არაფერს ვამხელ, არაფერს განვსჯი,
არ მინდა რამეს ცილი დავწამო,
მე მარტო ვზივარ ჩემს მყუდრო სახლში
და გარეთ მოდის მყუდრო საღამო.

არაფერს ვცლი და არაფერს ვავსებ,
და არ ვარ ბოლო და არც პირველი,
ვინც იგონებდა სულელურ ზღაპრებს,
ვის ჯადოსნური სწამდა ფრინველი.

არაფერს ვგმობ და არაფერს ვებრძვი,
და არ მსურს ისევ თავი ვაცდუნო,
სად გაქრა ღერძი, მომეცით ღერძი,
დედამიწა რომ გადავაბრუნო.

THE EARTH TURNED UPSIDE DOWN

I don't condemn or defy anything.
Who can I seduce with a word?
Where is Earth's axis? Give me the axis
to turn it upside down.

It's not for me to change anything
I have already drunk what there was to drink.
It's not for me to fall in love
I'll just stare up into the sky.

I don't want to give anything away or judge,
I'm not one to slander or defame.
I sit alone in my own little house
while the calm of the evening settles outside

I neither empty nor replenish anything
I'm not the first or the last
to invent foolish tales or
to believe in magical birds

I don't condemn or defy anything
and I do not wish to tempt myself.
Where's it now? Give me the axis
to turn the world upside down.

* * *

უძლური სინათლის ქალაქი
ქუჩები უფერო ფერის,
სულ ყველა სულ ყველას ძმაკაცი,
სულ ყველა სულ ყველას მტერი.

იქ, სადაც არ ხდება სიახლე,
არავის არა აქვს ბედი.
იქ სადაც იციან სიმართლე,
მაგრამ არ იციან მეტი.

იქ, სადაც ცვლილების სურვილი,
არავინ გაივლო თავში,
არა აქვთ სიცოცხლის წყურვილი,
მაგრამ აქვთ სამოთხის საშვი.

და თითქოს ჩრდილები დადიან,
უაზრო წრეწირებს ჰკრავენ,
იქ, სადაც არაფერს სჩადიან,
უბრალოდ ცხოვრებას ჰკლავენ,

იქ, სადაც თენდება არასდროს,
ღამეში ეძებენ გროშებს,
ჰაერი მაინც არ ჩარაზოთ,
ჰაერი, ჰაერი დროზე!

* * *

city of weak light
streets of colourless colour
everyone friend to everyone
everyone enemy to someone

city where nothing new happens
where no one has any luck
where they know the truth
but nothing more

city where no one wished
to change a thing
where they have no lust for life
just the key to paradise

city where the shadows wander
closing uneven circles
guilty of nothing
they're just killing time

city where morning never comes
where they fumble for coins in the night –
don't shut off the air we breathe
air! more air – quickly!

ზამთრისფერი მარაო

ქვეყნად რომ ცოდვებსაც არავინ ფარავდეს,
შენ აიფარებდი ზამთრისფერ მარაოს იტყოდი,
დავკარგოთ რწმენაც და სამოთხეც,
უბრალოდ ვიცხოვროთ, ცხოვრებით გავოცდეთ.

ქვეყნად რომ არ იყოს ვნება თუ დრამები,
ხომ მაინც დავრჩებით წვიმიან ღამეში,
ხომ მაინც ვისუნთქებთ ნესტიან დარჩენას,
ხომ მაინც შევხვდებით სიკვდილს თუ გაჩენას.

ქვეყნად რომ არ იყოს იგავი, ზღაპარი,
ხომ მაინც მოხდება უაზრო ამბავი,
ხომ მაინც ვიღაცა შეირთავს პრინცესას და
ფერად ფერებით მორთავენ სივრცესაც.

ქვეყნად რომ არ იყოს სიცივე, ზამთრები,
ხომ მაინც ხანდახან სითეთრით დავთვრებით,
ხომ მაინც თავისას მოიტანს სიბერე,
და მუნჯი საფლავი სიკვდილზე იმღერებს.

ქვეყნად რომ ცოდვებსაც არავინ ფარავდეს,
შენ აიფარებდი ზამთრისფერ მარაოს,
რატომღაც იტყოდი, რომ ძლიერ მარტო ხარ,
რატომღაც მოწყენას არჩევდი არყოფნას.

WINTRY FAN

Even if sins were never concealed
you would still use your wintry fan
and say: forget belief and paradise
let's just live in wonderment at life.

Even with no passion or drama
we'd still stay out on rainy nights
we'd still breathe in the damp presence
we would still be open to death and to birth.

Even if there were no fables or fairytales
pointless stories would still emerge.
Someone would still marry a princess
halls still be adorned with coloured ribbons.

Even if there was no cold, no winter
we'd still get drunk on the white of snow.
Old age would still do its work
and the silent grave still sing its song

Even if sins were never concealed
you would still use your wintry fan.
And no matter how lonely you felt,
You'd still prefer that loneliness to death.

LELA SAMNIASHVILI

PHOTO: © REZO GETIASHVILI

LELA SAMNIASHVILI was born in 1977 in Gori, Georgia, and studied English language, and later Synchronic Translation, at Tbilisi Ilia Chavchavadze University of Language and Culture. From 2001-2003 she studied American literature at the University of California, Berkeley and from 2005-2007 attended Oslo University, where she obtained a Master's Degree in the Philosophy of Higher Education.

Her poems have been has been published in numerous literary journals including *Arili* (Aryl), *Alternativa* (Alternative), *Literatura* (Literature) and *Chveni Mtserloba* (Our Writing) and have been translated into English, Dutch, Italian, German, Russian and Azerbaijani. She has published five poetry collections since 2000 and also regularly publishes literary letters. She has published Sylvia Plath's *Bell Jar* and a volume of her poetry, and Virginia Woolf's *A Room of One's Own* and has also translated Emily Dickinson, Thomas Hardy, Ted Hughes, Salman Rushdie, John Updike and Isabel Allende among others.

She currently teaches Literature and Education Policy.

ძილისპირული ჰორიზონტისათვის

ჰორიზონტი ხარ, როდესაც გძინავს –
შუბლის გასწვრივ გილაგია ტერფები,
მშვიდად შეგიძლია გაატარო ყველა ხომალდი –
ყველა ჩრდილი სარკმლიან კედლის,
ყველა სახე, ყველა სახელი –
შეგიძლია ააცალო ერთმანეთს და გაატარო
ძალიან მშვიდად. შეგიძლია შენს გარეთ იყოს
სიცხიანი ქალაქი, ზედ რომ ოდნავ ყვითელი ზამთარი ადევს
როგორც ძმრიანი დოლბანდი და იმასაც სძინავს.
შეგიძლია იყო თითქმის ახალშობილი –
გაიცალო გუშინდელი ტანსაცმელი
და სხეულიც ზედ მიაყოლო, ან პირიქით –
გაიცალო სიამაყე და დაემსგავსო
ქალაქის შიშველ ქანდაკებებს – გიყურონ, გხატონ,
ხოლო შენთვის სულერთი იყოს,
გაიცალო ენები და ენების წვერზე ასხლეტილი
ინფორმაცია, ვარსკვლავები –
რომლებისგანაც ცარიელ ბოთლის სატყუარებს
ბავშვებისთვის ასკანერებენ,
გაიცალო ომები და კოცონებზე ძვლებგამთბარი
დაძინებამდე ვერტიკალური ქონდრისკაცებიც,
შეგიძლია მშვიდად, შენს მიღმა გაატარო –
ეს ყველაფერი – ყოველ ღამე, ყოველ სიცოცხლე.
შეგიძლია არაფერი ჩაიპირქვავო.
შეგიძლია გაატარო სიყვარულიც
და თან თვალიც არ გააყოლო, არც დაარქვა არაფერი –
ჩაიაროს, როგორც ნავმა მძინარე წყალზე;
სანაპიროსთან შუქურის სხივიც გაატარო –
ღიმილივით გადაგიაროს სახეზე –
მშვიდი სიზმრების ნიშნად.
მით უმეტეს, შეგიძლია შეუმჩნევლად გაატარო
მცენარეები – ეს უცნაური ქმნილებები –
ძილშიც ცას რომ ეჭიდებიან,
რომ ჰორიზონტს არ დაემსგავსონ.

LULLABY FOR THE HORIZON

You are the horizon when you sleep –
your feet at the level of your forehead
and you let every ship pass peaceably by –
every shadow of a windowed wall,
every face, every name –
you can peel one from the other and
let them all pass in total peace.
You can let the fevered city be outside you,
its yellowish winter held
to its forehead like a vinegary compress.
You can almost be a newborn and
take off the clothes of yesterday,
take off your body –
better still, take off your pride
and be naked as the sculptures of the city
letting passers by look at you, draw you,
without paying them any attention.
You can peel away all language
and every last snippet on the tip of your tongue.
Dispense with all stars distilled into babies' dummies.
You can strip away all wars
and those storybook gnomes
standing round fires until they collapse into sleep.
You can let all this pass calmly by
every night, every life.
You don't have to consume any of this at all
You can let love pass by too and not
follow it with your eye, without giving it the name of love.
Let it pass by like a boat on sleeping water.
Let the beam from the lighthouse
sweep a smile over your face as you dream.
Then it's even easier to disregard the plants –
those strange creatures – reaching up to the sky
as they sleep, so as
to defy the line of the horizon.

დაბრუნებამდე

"შენს მუჭში ხელი დამეღალა" –
უცაბედი ღალატივით ფიქრია, როგორც –
"სამშობლოში ვერ ვიკეტები".

ფილიპინელი გოგო რომ ვიყო,
ვილოცებდი დაძინებისას, რომ ჩემი სოფლის ახლოს
ვულკანს გაღვიძებოდა და მეცეკვა საკუთარ ფერფლში.

ირანელი გოგო რომ ვიყო,
შუა ქუჩაში მოვიხსნიდი ამ წუთს – თავსაფარს
და თვალებზე შემოვიხვევდი.

როგორც სადგურზე გადამსკდარი ჩემოდანი,
ნივთები და ტანსაცმელი რომ სცვივა, – უნდა
ჩავაპირქვავო, ჩავკეტო წუთი;

გამახსენდეს, რომ ვდგავარ სადღაც –
გალერეაში; უზარმაზარი ნატურმორტი მათვალიერებს, –
ტკბილეული ლამისაა სათითაოდ ამომაცალოს;

გამახსენდეს, რომ ჯერ კიდევ შემიძლია დაბრუნება,
რომ ჯერ კიდევ შეგიძლია დაბრუნება;
გამიცოცხლდეს შენს მუჭში – ხელი.

BEFORE COMING BACK

'My hand grew tired in your grip' –
a thought, a sudden betrayal, like:
'I can't lock up myself in my homeland'.

If I was a Philippine girl, I would pray before sleep
for the volcano near my village to awaken
so that I could dance in my own ashes.

If I was an Iranian girl, I would stop in the middle
of a crowded street, take off my headscarf
and wrap it around my eyes.

Like a suitcase bursting in the middle of a station,
clothes and books spewing all around
I should take this instant and stuff it back in.

I should remember that somewhere I am standing
in the middle of a gallery overlooked by a huge still-life,
and it sucks out each of my own fruits.

I should remember, that I can still come back,
that you can still come back;
I could bring my hand back to life in your hand.

ჩქამი

როგორ ხვდებიან ცხოველები
რომ ჭიპლარი უნდა გადაჭრან
საკუთარი სისხლის და ხორცის?

როგორ ხვდებიან – უნდა გაუშვან სხეულიდან,
რათა მისცენ ძალა სიცოცხლის.

ან ხეები, როგორ აძლევენ საკუთარ ნაყოფს –
სავსეს, ბდღვრიალას – ნებას – დაცემის.

ჯერ ხომ მუშტში ინახავენ,
ნელ-ნელა ხსნიან,
თავად აოცებთ იქ გაშლილის ფორმა და ფერი.

მერე კი მთელი ტანით, მერქანით
ამ ნაყოფში ამოდიან, ამუქებენ, სისხლით ავსებენ.

როგორ უშვებენ ბოლოს ტოტებს?
ენანებათ? არ ენანებათ?

რა ძალაა, შუბლს თითებთან რომ აქორწინებს
და სტრიქონებს ტოვებს, ტოვებს უცხო თვალებთან.
ნუთუ არის ეს ყველაფერი – ინსტინქტის ჩქამი.

და სიყვარული?
როცა მას ზრდი, როგორც საკლავს,
შესაწირავს – გასქელებულ მეტროპოლისში
მოშიმშილე სილამაზისთვის.

მაპატიე, მაპატიე.
ხელი დავუშვი.

THE WHISPERING

How do animals know
they have to cut the umbilical cord
of their own flesh and blood?

How do they know
they have to release it from their bodies
to give strength to life?

Or how do trees know
when to give their fruit, full and gleaming,
permission to fall?

They enclose it in their fists,
then open them very slowly,
dazed by the form and colour of what they find inside.

How do they let their branches fall?
Surely they feel regret, don't they?

What force is it that weds fingers to forehead
to draw forth verses before the eyes of strangers?

Is all this the whispering of instinct?

And what about love,
when you raise it like cattle for slaughter,
a sacrifice to starved beauty,
in the bloated metropolis?

I let my hand fall.
I'm sorry, I am sorry.

საკეისრო კვეთა

ეს ცის გახსნას გავს.
სკალპელი – ელვა.
და ღმერთის თვალი – მაგიდისკენ – ფარნად ინთება –
თვალყურს ადევნებს ექიმის ხელებს
და შენს სახეს, გადაფითრებულს –
ნაკვთებს რომ ცქერით ვერ დაულაგებს
ქმარი – შენს თავთან –
გარანტია, რომ თუ ჩაქრები, ახალ ვარსკვლავს პეშვით წაიღებს.

ცის გახსნას გავს –
უცაბედი, როგორც სიკვდილი კატასტროფაში –
ყოველგვარი პრელუდიის, სამშობიარო ტკივილების გარეშე –
მიღმა შავი ხვრელის – ბნელი დერეფნის –
სულები რომ მიმოდიან ამ სამყაროში.

ცის გახსნას გავს –
უფრო ძნელია, ვიდრე წერდე სიმფონიას – ტაშზე მქუხარეს,
ან აწყობდე რევოლუციებს – მათთვის, ვინც უკვე მოსულია,
ან გზადაგზა კოლონიებს აარსებდე გალაქტიკებში.
ის ერთი ჩხვლეტა ხერხემალში –
საიმედო ანესთეზია –
მაინც გართმევს ამ უფლებას იყო ჯვარცმული –
თუნდაც ერთისთვის, თუნდაც ასე ხელფეხგაკრული.

ცის გახსნას გავს –
ეს გაბედვა – ჩაეჭიდო ახალ სიცოცხლეს –
ყველანაირი მშვიდობისგან აუშენო ატრაქციონი,
ომებს ზურგით გადაეფარო, რომ მუდამ მისკენ გქონდეს სახე,
რომ უცინოდე. აი, ასე,
შეაბიჯე ძველ ნაკადში, ასე დაწექი
ერთადერთი ქალიშვილივით – კეისრის –
პირმშოს გადასარჩენად რომ გაფატრეს. ორივე ჩაქრა.
შენ კი ფეთქავ და სარკმელში – ღამის ქალაქი –
ციმციმებს, როგორც უხმაურო დღესასწაული.
ცხრა მაისის უცნაური ფეიერვერკი:

THE CAESAREAN CUT

It looks like an opening of the sky.
Scalpel of lightning.
And the eye of God – turned into a lamp
    above the table –
closely watching the hand of the doctor.
And your face – pale, pale –
cannot be settled in place
by the husband's gaze – there at your head –
as guarantee that if you blow out – he'll
    take a handful of the new star.

It looks like an opening of the sky –
sudden death in a car accident –
without prelude, without labour pains –
beyond the dark-whole black corridor –
through which souls venture in and out from this world.

It looks like an opening of the sky –
more difficult than writing a symphony – louder than the
    applause –
than sparking a revolution for those who are already here.
Or colonising galaxies
this one injection into the back-bone –
this safe anaesthesia –
still takes away the right to be crucified –
even for this only one, with your hands and your legs so
    firmly bound.

It looks like an opening of the sky –
this daring – to grasp hold of the new life –
for whom you'll make sandcastles in peace-time
and cover wars with your back so as always to face your child.
To smile at her. And like this
to enter the old stream and lie down,
like Caesar's only daughter
being cut open to save her child. But both died.
And you are breathing and the night city is at the window
glittering like a silent holiday.
Strange fireworks for the 9th of May:

კადრებს ხმები ჩამოეცალათ. უხმაუროდ – პულსი – ას ოცი.
შენი სისხლის – პირველი რეზუს დადებითის
საზეიმოდ გადასხმა ახალ ვენებში, მამის თვალის ფერის,
როგორც ზევრად უფრო ნათელის.
ცის გახსნას გავს –
ტირილის ხმა – დასაწყისის მაუწყებელი.

ახლა ჭრილობებს შეუძლიათ, პირი შეიკრან –
ეს ცა აღარ დაიხურება.
არასოდეს არ ყოფილა შენი ღამე ასე კაშკაშა.
თოთო სინათლე შენს თვალებთან
ასე ახლოს არასოდეს მოუტანიათ.
ის იზრდება – ყველა ჩრდილის გადაფარვამდე.

ბალახის სუნი

ბალახის სუნი შერჩა ჩემს ხელს –
ბალახს ვაცლიდი ბებიის საფლავს.

დავიბანე ერთხელ, ორჯერ; მთელი დღეა –
არ სცილდება ამ ხელს სურნელი.

ასეთი სუნი არცერთ სუნამოს,
არც რძეს, არც ყვავილს არ ჰქონია.

ეს სიმშვიდის სურნელებაა.
სწორედ გუშინ ვთქვი მეგობრებთან,

რომ მიწას ცეცხლი მირჩევნია, –
თავის დროზე ფერფლადქცევა,

განქარება. ხოლო ბებიას –
არასოდეს არ ესმოდა ჩემი ხუმრობა.

აი ახლაც, იზრუნა ჩემზე, ეს სიწყნარე
გამომაყოლა, ეს სიყვარული – ბალახის სუნის.

The images go silent. Pulse without voice – a hundred and
    twenty.
Your blood group – rhesus positive
ceremoniously poured through new veins and your father's
    colour of the eyes –
with far more light.
It looks like the opening of the sky –
the sound of a cry
telling of the beginning of new life.

Now the wounds can close their mouths –
The sky's not going to lock itself shut
Your night has never been so glittering.
Infant light near your eyes
was never brought so close.
And it grows until all shadow is covered.

            translated by Stephen Watts
                & Lela Samniashvili

THE SMELL OF GRASS

The smell of grass has remained on my hands
since morning – I was weeding my granny's grave.

The whole day passed – I washed them twice, three
times, but they smell the same – they smell delicious.

Neither the smell of sand, or dust, that lasts so much
longer than anything we trust in or lust for – smells this calm.

Yesterday I talked of death with friends, I said when
the time comes I prefer to be burned –

to have my palm, my hair, my bones – all ashes – dissolving
in the air. My granny never understood my jokes.

Thus, worried as always – today she presented me
with this calmness – with this love for the smell of grass.

გაფრენა. ლილიტი

კისერზე – ფოტოაპარატი –
ჭკვიანი ლულა –
არ კლავს, აშეშებს;

რომ გქონოდა ასე შებმული –
იმ ბიბლიური განცხრომის და მხიარულების
ბაღში, კადრების გადარჩენას –
ალბათ შეძლებდი.

ახლა კი მხოლოდ ქარაგმებში უნდა ეძებდე
წარსულს, რომელსაც ანაბეჭდი არ გააჩნია.
ზღაპრებს – მითები დააფარო, მითებს – ლექსები
და ანარეკლის ანარეკლი გადაარჩინო.

არ გაქვს არცერთი კომპრომატი წასვლის, დარჩენის.
თითს ვერ დაადებ. მითუმეტეს, სხვას ვერ აჩვენებ.

იყო ადამი. იყო ევა. და იყო გველი.
შენ კი – ოთხივე მხარეს –
თუნდაც, ეშმაკთან გევლო.

და მაშინდელი შეკითხვების დასმაა ჯერაც –
თუ ეს სახლია,
რატომ არ აქვს ამ კედლებს ჭერი?

ასე გადაწყდა –
გადარჩენის შეუძლებლობა
მისთვის, ვინც ეჭვის ჭიან ვაშლებს ჭამდა მანამდეც,
ვიდრე სამოთხეს გველის მატლი შეუძვრებოდა.

მოკბეჩდა. თვალებს ფოთლებს შორის გადამალავდა
და სათითაოდ ისრუტავდა ზეცის ძაბრიდან
სიტყვებს.

და ბაღსაც დასცქეროდა, როგორც ლაბირინთს,
რომელსაც ჰქონდა სახურავი,
მაგრამ გაფრინდა.

FLYING AWAY LILITH

Camera around the neck,
its bright barrel
doesn't kill, just stuns.

If you'd had it with you
in that garden of biblical bliss,
maybe you'd have
captured some pictures.

But now you can only sift through clues
of a past that has no imprint.

You can only layer fairytales with myths,
myths with poems, in order
to capture reflections' reflections.

You can't think of a reason to leave or stay.
There's nothing there to put your finger on, or to show to others.

There was Adam. There was Eve. There was a snake.
As for you – you could just go in all four directions, anywhere,
to the devil, for all anyone cared.

And the same questions remain.
If this is a house
why don't these walls have a roof?

This is how it was decided –
survival's impossible
for her, the one who ate worm-riddled apples
even before the worm of a snake slithered into paradise.

She would take a bite, hide her eyes among the leaves
and suck the words one by one from the funnel
of the sky.

She'd look down on the garden, a labyrinth
which once had a roof –
but off it flew.

MAYA SARISHVILI

PHOTO: © MAKA GOGALADZE

MAYA SARISHVILI was born in 1968 in Tbilisi and has been published since 1990.

Her radio play *Three Buckets of Snow* received the best radio play award in the Georgian-German competition of radio plays in 1997 and in 2008, she won the Saba Prize for her poetry collection *Microscope*. She has participated in international festivals in the Netherlands and Estonia, and represented Georgia at 'Poetry Parnassus', the Cultural Olympiad held in London in 2012. She was invited to Portugal in 2007 to take part in the seminar of translators at Casa de Mateus, where her poems were translated into Portuguese.

Her poems have been translated into English, German, Dutch, Russian, Portuguese, Swedish, Belarusian, Estonian and Azerbaijani among other languages and have been widely published in international literary magazines including *Guernica*, *Versal*, *Nashville Review*, *Los Angeles Review* and *Bitter Oleander*. A poem of hers was included in *The World Record*, (Bloodaxe Books / Southbank Centre), the anthology of poems by poets from 204 countries who appeared at 'Poetry Parnassus' in 2012.

მიკროსკოპი

არავინ დაშინდა რატომღაც ჩემსავით.
ვერავინ დაინახა უჯრედების წამლეკავი მელანქოლია. ხახვის
ფურცლის უჯრედები,
ოროსნების და ხუთოსნების თმის ღერთა უჯრედები,
    დაუჯრედებული
მთელი კლასი,
ხედიც – ფანჯრიდან…
უცებ, სამყაროს გარსი აეფხრიწა.
გაუცხოებული გზა სახლისაკენ.
სახლიც – ყველა ოთახით.
უფრო შორს კი –
დაუჯერებელი უცხო მშობლები
დაუჯერებელ სამსახურებში…
რა სევდა. რა ჯადოქრობა.
მიკროსკოპით ნანახი მუნჯი კინო.
თითქოს,
ღმერთი თვალისაკენ რაღაცას ამოგძახის,
მაგრამ მთავარს მაინც არ გეუბნება…

სიტყვა "სიყვარული"

ეგ სიტყვა – თოთო ბავშვივით მოგდებული კართან,
შენიცაა, ახლა შენ მიხედე.
მე ცოტა ხანი დავისვენებ.
ხოლო უმისოდ, აი, რა ხდება, ნახე: გავრბივარ.
კაბა მითეთრდება, თმები მეზრდება,
ნოტებით სავსე პარკს ძირი ძვრება,
შემიძლია არ ავკრიფო, ისე გადავახტე. გავრბივარ.
როგორ მაზერებდა ეგ სიტყვა თურმე.
თმით როგორ მიმათრევდა
შენს სახლში ყოველ საღამოს.
როგორ უზოდიშოდ მიზერავდა და მიჩუტავდა მუცელს.
    როგორ
მაშინებდა, უჩემოდ ვერ გაძლებო.
აი, არაფერიც არ მომივიდა.

MICROSCOPE

For some reason no one else was this scared.
No one noticed the overwhelming melancholy of cells
onion skill cells,
cells of hair strands of the best and worst students.
An entire class cellulated
and the view from the window also cells.
Suddenly the skin of the world was torn away.
The way home – estranged.
The house too and all its rooms
and even further in the distance
strange and mysterious parents at
their unbelievable work.
Such sadness. Such magic.
Under the microscope this silent film,
it's as if god shouts it all up into you eyes
but won't tell what's really there.

THE WORD 'LOVE'

This word – left at your door like a baby
is yours, too: now take care of it.
I'll rest a while.
See what happens without it:
I'm running away
It's my hair that grows longer, my dress that whitens.
The plastic bag of sheet music is splitting,
I can just step over it and leave it there.
I'm running,
Now see how this word was ageing me,
dragging me by the hair
back to your house every evening
how it unashamedly puffs up then empties my belly.
How it insisted that I couldn't live without it.
But look, nothing has happened to me.

* * *

ასე შევეჩვიე დაღლას –
თითქოს ზურგზე ცოცხალი მგელი –
სასკოლო ჩანთასავით უბრალოდ.
ფუნჯივით რბილად შემომდის
მისი ყმუილი ბეჭებში.
დარუხდება და ჩამშვიდდება,
ჩადგება ყველა სხვა ფერი გრიგალივით.
და ჩამოშორდება სახესაც
ღიმილის წნული –
ეს გაიმვერა ბუდე.
ვწერდი:
თითებიც რომ მომყვეს ამ მოქნეულ კარში
და ძვლებიც დამეფშვნას,
გულიც რომ მომყვეს ამ კარებში,
ნაბიჯსაც არ გადავდგამ არსაით-მეთქი.
და მართლაც,
ირგვლივ დღეები გააქვთ და გამოაქვთ.
მე კი ფეხსაც არ ვიცვლი,
დედაც ამ კართან მომიკვდა,
ყველა უცხო ქვეყანაშიც ამ კართან ვიყავი
და ბავშვებიც სწორედ
თქვენს გამოხურულ კართან გავაჩინე.

* * *

ახლა ქარიშხალმა სხვაგვარად გადააწყო შეშლილები. სხვაგვარად ჩაამწკრივა.
ბოლოებში ბავშვები დააყენა რითმებად
და წამოვიდა დემონსტრაცია,
როგორც შეშლილთა ლექსი.
მე კი ღიმილი, როგორც ნატკენი ფრთა, ძირს მეთრევა
და უხერხულია.
ვერ ავიკეცე. ვერ ვიმაგრებ.
ჩემს ღიმილზე ებიჯება სუყველას ფეხი –

* * *

in this way I got used to tiredness
as if with a wolf on my back
just like a school bag.
Its howl gets into my blade-bones,
soft as a paintbrush,
goes grey and settles,
all other colours subside like a storm
and the woven smile –
that treacherous nest –
will fade from the face.
I put it in writing:
even if a slamming door catches my fingers,
crushes my bones,
traps my heart,
I won't budge an inch
and indeed,
they're carrying the days in and out
but I'm not going anywhere.
My mother died at this door,
at this door I've travelled the world.
I gave birth to my children
at this shut door.

* * *

now the storm has regrouped the insane,
lined them up in a different order.
Those put at the ends are children, to rhyme.
And the parade sets out, a lunatic's poem.
My smile is dragging, like a wounded wing
– how embarrassing –
can't fold it. Can't hold it.
It gets trampled underfoot,

ხალხმრავლობაში უარესია.
თურმე თავსხმაა.
ავიხედე – წვეთები გვანან პაწაწინა მეგაფონებს, რომელთაც დავსდევ და სათითაოდ
ყოველ მათგანს ვუკითხავ ლექსებს.
ეს სიგიჟეა. ერთი წვეთიც არ დამრჩენია. და მახსენდება ბლანტი სცენა
სავსე დარბაზში,
სადაც ავედი ზუსტად ისევე სულელურად,
როგორც ოდესღაც ბავშვობისას,
როდესაც დედა მიკვდებოდა
და მაგიდაზე შევდექი შიშით,
რომ ახლოდან გაეგონა ღმერთს ჩემი ლოცვა…

სასტიკი პასუხი

თქვენ მეუბნებოდით, რომ ამ ოთხიდან
ორი ბავშვი მაინც უნდა ჩამემაღლებინა,
მაგრამ ვერ ამოვარჩიე-რომელი…
და ამასობაში დაიზარდნენ.
თავის დაცვა უკვე კარგად შეუძლიათ.
ისე ადვილად ვეღარ დახოცავ…
ერთი რომ მყოლოდა,
ოთხივეჯერ მას ვაკოცებდი
და არავინ ეტყოდა, რომ დანარჩენები
იმ სამი კოცნისთვის დაიხოცნენ.
ვერ მოვიქეცი გონივრულად,
ვერ ამოვითხარე სტერილური თოხებით შვილები-როგორც გლანდები-
და საქმე საზოდიშოდ გავიხადე,
რადგან სულ მეგონა, რომ
თუ დაგიჯერებდით,
მუცელი მაინც გამომეზრდებოდა
და მთელი ცხოვრება
ზუსტად იმდენი ბორცვი უნდა მეტარებინა,

the deeper the crowd the worse it is.
A storm of rain.
I look up – drops like tiny loud hailers.
I follow them down
and to each one I read poems. It's crazy.
I didn't miss a single drop.
And I remember the boggy stage
in front of a full house
where I stepped – as foolishly
as I once did as a child
when my mother was dying
and in fear I climbed on the table
the better to let God hear my prayer.

THE FIRM RESPONSE

You all told me
I should have butchered
at least two of these four children
but I couldn't choose which ones…
And meanwhile they've grown up
They can defend themselves now
can't be killed so easily.
If I had only one,
I would have kissed her four times
for them all
And nobody would have told her
about those who died for the other three kisses.
I wouldn't take advice
Couldn't scrape out my children
like tonsils with a sterilized hoe.
And now I have to keep apologizing…
I always thought that
even if I followed your advice
my belly would have grown
and my entire life
I would be carrying as many mounds

რამდენ ბავშვსაც ტანში ჩავიკლავდი.
და ესენი კი იქნებოდნენ
ბევრად უფრო საშიშნი და მარადიულნი –
ჩემივე შვილების საფლავების ბორცვები.
თქვენ მეუბნებოდით, რომ ამ ოთხიდან
ორი ბავშვი მაინც უნდა ჩამეძაღლებინა,
მაგრამ ვერ ამოვარჩიე – რომელი,
და ამასობაში დაიზარდნენ,
ლოყებზე თითები მომაფინეს,
ალაპარაკდნენ...

მამას

მე ვიცი, რაც გაყვირებს ძილში –
შანდლებზე წამოცმული გველები
ენებით გინათებენ ოთახს.
და მართლაც რა საშიშია ეგ მოგუგუნე სიბნელე –
ცბიერი შუქით დაგესლილი...
მე ვიცი, როგორ საპონივით ისვამ ღამღამობით
შენსავე გულს მთელს სხეულზე.
როგორ მონდომებით იცილებ ლაქებს შენივე გულის ქაფით.
იქნებ, ამიტომაც,
დედა ყოველ ღამით გამოდის სიკვდილიდან
და ვარდებს გირგავს იმ ჩუსტებში,
შენ რომელშიც დილაობით ფეხებს აბიჯებ...
გთხოვ, მიაგენი ჩვენთან სახლში
ჩემს ბავშვობის ხმას.
ალბათ კანფეტების ყუთთან იქნება სადმე ახლოს.
და თუ მარმელადის გოშია აყეფდეს,
ან რამე ამდაგვარი,
ესე იგი, ჯადო ახსნილია...

as children I had killed inside my body,
more terrifying and eternal
than my children's graves.
You all told me
I should have butchered
at least two of these four children
but I couldn't choose which ones…
And meanwhile they've grown up
have touched their fingers to my cheeks
have started talking.

TO MY FATHER

I know why you scream in your sleep –
snakes rearing from candelabras
light up the room with their tongues.
And how frightening is the booming darkness
poisoned by that treacherous light…
I know how at night you lather your whole body
with the soap of your heart,
how eager you are to remove the stains.
Perhaps that's why
Mother emerges from the dead every night
and plants roses in the slippers
you step into in the morning…
I beg you, find my childhood voice in our house.
It will probably be somewhere near a box of sweets.
And if the little sugar dog barks,
or something like that,
the spell will be broken.

* * *

ბავშვებს გამოსდით –
თვალს არაფრით ახამხამებენ!
და ეს სასტიკი გულწრფელობაა,
რადგან ხამხამი კადრიდან ჭრის
წამის თუნდაც მეათასედებს,
რომლებიც ერთად რომ შეკრიბო
და გადააბა,
ერთი სიცოცხლე კიდევ გამოვა.
ეს მოვუგვარეთ –
ლეიბებში – მატყლის ნაცვლად –
ტყვიები ყრია.
მათი პატარა ბალიშები
სავსე არის ჯარისკაცთა ოცეულებით.
წვეთებს კანიდან წერილებივით გვიგზავნიან,
ავად არიან,
მაგრამ არ ვიცით ოფლის კითხვა
და გაუშიფრავ ხელნაწერებს ემსგავსებიან დამლაშებული
 პირსახოცები.

* * *

სამზარეულოს იატაკზე რომ
სათამაშო მატარებელი დაღოღავდა, ახლა
მოსაკლავად დამდევს. უმემანქანეო, უმგზავრებო,
უკაციშვილო –
ლიანდაგს ასცდა,
აღარ უყურებს ინსტრუქციას
და მიმართულების ღილაკებს. რას
ემსგავსები თამაშო?
რაღაც რკალები და ხვეულები
ნამდვილსიტყვება წერილებად მექცნენ, თოჯინების
ცივი ნესტოები –
შვილების მსუნთქავ ცხვირებად.
რა ვუყო ასეთ სიცოცხლეს?...

* * *

Children can do it –
not blink at all.
This is their ruthless candour,
because blinking cuts out of a frame
at least one thousandth of a second
that would make one whole life
if collected
and spliced together.
So this is how we've solved it for them:
their mattresses – instead of wool –
are stuffed with bullets.
Their little pillows
filled with bands of soldiers.
They send us drops of sweat as letters,
they are sick,
but we cannot read them
their briny towels
are undecipherable scripts.

* * *

The toy train that was chugging
along the kitchen floor
is now trying to kill me.
There's no driver, no passengers,
not a single soul –
it's run off its rails,
heeds no instructions,
and ignores the controls.
What's happened to you, little toy?
Your crescents and curls
have turned into turned live words in my letters,
dolls' cold nostrils
into my children's breathing noses.
How shall I live a life like this?...

* * *

კედლის საათის შიში იყო,
დილით რომ ყოველთვის მციოდა ბავშვობისას.
თითქოს ამ კედელში დედინაცვალი იდგა უძრავად
და არ უჩანდა საშიში ტანი.
ნამდვილ დედას კი
ჰქონდა მუდამ ცხელი ხელები.
და ცერს ქვემოთ რომ რბილობია,
ჰქონდა ისეთი განიერი,
მაღალი და გავარვარებული,
ასე მეგონა,
ამ რბილობით მაინც იცოცხლებს,
მთელი სხეულიც რომ მოუკვდეს ოდესმე მეთქი...
და მივდიოდი ჩემს სკოლაში –
ფოლადის ყუთში,
რომლის პატარა ფანჯრებიდანაც
ვხედავდი ხეებს, რომელთაც სძულდათ
სკოლის ეზოს უნიჭო მიწა,
და უგემური მისი საზრდო
ფესვებიდან მთელ სხეულში აღარ აჰქონდათ.
მხოლოდ ფოთლები –
სულელები, სულელურად ხუთოსნები
მუდამ და მუდამ
სულ თავის დროზე ამოდიოდნენ
და ხმებოდნენ სულ თავის დროზე...
ჩემი სკოლიდან ძალიან შორს კი
დედას ჰქონდა სამსახური ჩვეულებრივი,
სადაც ერთ დილას წამიყვანა რაღაც მიზეზით
და იქ კოლბები სითხეებით,
უცნაური ხელსაწყოები,
დამხვდნენ ისეთი სათნოები, სულიერები,
ვერ მოვითმინე,
გაოცებული სტუდენტების თვალწინ ავტირდი,
დედას ხალათის ცალ ჯიბეში ჩავყავი სახე.

* * *

It was fear of the clock on the wall
that, as a child, made me feel cold in the morning
as if a stepmother
with a terrifying, invisible body
was standing in the wall.
But my real mother
always had hot hands
and the soft flesh of her thumb
was so full,
so burning hot
I thought
she would survive through this fullness.
even if, some day, the rest of her body died.
I would go to school –
that steel box,
and from its tiny windows
I could see the trees that hated
the school yard's talentless soil
and the tasteless nourishment
they refused to draw up through their roots.
It was only the leaves –
those fools, those foolishly perfect pupils –
who, over and over again
would emerge on time
and, again on time, would wither...
But far, far away from my school
my mother had a routine job
where, for some reason, she took me one day.
There, I found liquid-filled flasks
and weird instruments that
were so kind and alive
I couldn't help crying
in front of the bemused apprentices
and I buried my face in a pocket of my mother's lab coat.

IRAKLI CHARKVIANI

PHOTO: © KETATO

IRAKLI CHARKVIANI – later in life better known under his pseudonym Mepe (The King) – was born in Tbilisi on 19 November 1961 and died in 2006. A graduate of the Faculty of West European and American Literature, Ivane Javakhishvili Tbilisi State University, Charkviani's collection of short stories *Old Toys* was published in 1989, and in 1990 his early verse and short stories appeared in magazines such as *Nobati*. Also in 1990 Charkviani, together with Kote Kubaneishvili and Paata Kurdadze, founded the 'Reactive Club', a revolutionary poets' union set up to confront the patriotic nature of Georgian poetry of the 1980s and a volume of poetry, entitled *Reactive Club*, which included his verses was published. In 1991, together with Kote Kubaneishvili, Irakli studied at Summer School of Poetry at Oxford University.

As a musician, Irakli was hugely influential. His first solo album *Swan Songs* was recorded and released in Germany in 1993 and had a profound effect on Georgian alternative music of the 1990s. In 1994-1995 Irakli composed music for the feature film *Orpheus's Death*, after which three more solo albums followed: *Apren* (You Are Booby) in 1997, *Amo* in 2001 and *Savse* (Full) in 2004. Later his unpublished songs were collected and released as an album *Dzirs Mepe* (Down with the King).

In 2013 he was posthumously awarded the Rustaveli State Prize for Special Merit to Georgian Culture.

რბოლა

რბოლა სველ ფოთლებზე – უგზო-უკვლო, ბრმა,
განწირული;
უმოძრაო ტბა სისხლის, ტკბობა.
ნიავი, აშლილ ბალანში – გველი.
ტოტები, ისრები. გააღე პირი,
ისრის სისხლიან ბოლოს დააკვირდი.
წმიდათაწმიდა მწვადი და საკმეველი,
ქალის მკერდივით ჩამოზრდილი
მიტოვებული ჭერი და ჭაღი.
ჭიანჭველათა სასახლე –
დაღარული პურის ნაჭერი, ფილტვივით მსუყე,
ამოაფურთხა,
გადმოანთხია
ფოთლებზე ზიზღი.
სისხლი –
გულ-ღვიძლში შედედებული წებო.
მარადიული წყურვილი…
შურისძიება ყინულის ლოლოა, წვინტლის ლოკოკინა.
ზამთრის ცხედარში ჩასახულ ყვავილთა ჟინი
აღმოცენდება.
ისტორია –
ბუზის ბიუსტი მიკრული კედელს.
არქიტექტურა, ანტროპოფაგის სამოციქულო
სამზარეულო,
იასამანში შემწვარი ყარყატი
ბეწვით და სისხლით.
მირბის…
იქ ყოველ ხესთან ატუზულან თვითონ
ხეები.
უკნიდან ესმის: სათვალე მოიხსენი!
ფანჯრის კუთხეში მერცხალთა ბუდეა,
ვერაფერს ხედავ!
იქით არ არის, აღარაფერი არ არის იქით.
ტყე არ თავდება…
თვითონ, თუ ის არ დაიძრა შენსკენ,
ტყეს ვერ გაირბენ. ტყე არ თავდება.
დაღლილობა – გარდაცვალების მესა.
ბობოქარ გმირთა ქანდაკებები.
შემახილები ყოველი მხრიდან –

RACE

Racing on wet leaves – aimless, blind,
desperate.
Motionless lake of blood, joy,
wind, snake in tousled hair,
twigs, arrows – open your mouth,
look at the bloodied tip of the arrow.
The holy barbecue and incense,
the abandoned ceiling and chanedelier
sagging like a woman's breasts.
Palace of ants
furrowed morsel of bread nourishing as a lung
spat out hatred
disgorged on leaves.
Blood like
congealed glue in the gut.
Eternal thirst,
revenge is an infinite icicle, snotty as cargo
Flowers' lust conceived in the corpse of winter
will germinate.
History –
a fly's bust fixed to a wall.
Architecture, the anthropophagi's apostatic
kitchen
the stork grilled in lilacs
with fur and blood.
Someone's running,
trees hiding
behind tree
he can hear from out back: take off your glasses!
There's a swallow's nest at the window's corner.
You can see nothing!
There's nothing there.
The forest has no end
you cannot run through it
unless it moves to you. The forest has no end…
Tiredness. A mass for the Dead.
Statues of raging heroes
shouting from every side –

ჯვარცმა!
ჯვარს, ნაცრისფერი პოეტი ვირთხა!
თოვლიან საფლავში მთვლემარე ჩონჩხი!
ანაქორეტი, მექალთანე, ყველა ჯვარს აცვით
და ან ჯვარი აცვით მათ.
ჯვარს აცვით ჯვრები !
ვინ თქვა, რომ ბავშვს ჰგავს მოხუცებული?!
ეშმაკეული, პირიდან დუჟი.
მირბის, დაეცა.
სველი დღე იწყება.
ისევ ფოთლები დაორსულდება.
ჭლექი, ქუხილი.
გაზაფხულდება, გაზაფხულდება!

* * *

მოგონილ სახეთა არმია გამექცა,
ქაღალდის კაცები, მელნის გულებით.
მათ უკვდავება სადღაც გაიცნეს
და ვეღარ მცნობენ გაბუტულები.
ფიქრით ნაშენი სველი ქუჩები
გადაქცეულან ზღაპრულ ველებად
და მთვრალ ქალღმერთებს ჩემდა უჩუმრად
ეფერებიან მათი ხელები.

crucify!
Crucify, grey rat-poet!
Dozing skeleton in a snowy tomb!
Crucify all – anchorite, womanizer
or hang the cross of their bodies.
Crucify crosses!
Who said an old man looks like a child?
Diabolic, foaming mouth
Someone is running, someone fell down.
Leaves will be fecund again.
Tuberculosis, thunder.
It will be spring. It will be spring.

* * *

My army of invented faces fled,
paper men, with hearts of ink.
Somewhere, they've found immortality
and, sulking, do not recognize me.
Wet streets built of thought
have turned into fairy fields
and, furtively, their hands caress
drunken goddesses.

ᲑᲠᲝᲚᲘᲡ ᲡᲐᲗᲐᲛᲐᲨᲝ

მე სულ შენთვის ვწერ
ჯერ არ მოსული თოვლივით სუფთა სევდიან
ფერებს.
ფერი სუნთქვაა, გამოუთქმელი ხმათა ქარია,
ხსნაა, ზესვლაა,
მარადმწყურვალი ქარავანია.
ფერი სიტყვაა…
მარტოობის დედოფალო,
ჩემი ხმა ქარვის საქანელაა,
ბროლის სათამაშო –
ფრთხილად…

ᲛᲙᲕᲓᲐᲠᲘ ᲡᲐᲓᲒᲣᲠᲘ

დალეწილია ნეკნები ლიანდაგების.
დამსხვრეულია ფანჯრის უკბილო ბაგე.
გადახერხილი მილები – რკინის თაგვები,
თავს აფარებენ ცივ და ჟანგიან ნანგრევს.
ტუჩებს – გამცვდარი საზურავების,
ღრძილებს – დატეხილ წითელ აგურებს,
ფოლადის კისერს, ბნელ სახურავზე
მთვარე ჰკიდია ოქროს საყურედ.

CUT-GLASS TOY

I always write colours
for you
the colour of the clean snow yet to fall
Colour is breath, the whispers of unuttered voices,
salvation, ascent,
Ever-thirsty caravan.
Colour is a word.
Queen of loneliness,
My voice is a silver swing.
A cut-glass toy –
Beware…

THE DEAD STATION

Smashed ribs of rails
window shattered like a toothless mouth
swan pipes – iron mice
sheltering in cold and rusty ruins.
Lips – worn out tires.
Gums – broken bricks.
Steel neck.
On the dark roof
the moon hangs – a golden earring.

NOTE:
The remaining poems by Irakli Charkviani were all written in
English. These were edited during the workshops.

TIME – I

Jet engine loneliness,
strained.
Inexpressible fear of contact
with things, lovers,
gone.
This is the end
of a romantic path,
of rhyming words,
of glossing things over,
of maidens with vine-leaf ears,
and the sadness of their gazelle eyes.
Gone is the blue-eyed leniency
of socialist romanticism.
The rose has bloomed
into an atomic mushroom.
Mowgli has grown up,
has stepped into
a concrete street jungle
with a Parabellum
in his hand,
bidding farewell
to the rainforest.
A simple time has come
of many colours hand in hand.
A time to paint
red things red.
Merciless, terrifying,
like any other truth –
Time.

FOR YURI GAGARIN

I'm here, mother.
Hey, you, poets of the mundane,
my ex-wives,
don't abandon me. Is the race over?
How come you've all turned into movie characters?
And when was the other projector switched on
in this hall?
Is it the triumph of spirit over flesh?
Or is it the spring coming?
Or the snow melting beyond the screen?
No longer can I feel your touch,
your sorrow and warmth.
I can only see you
wrapped in gasoline winds,
wearing fumes.
No, I'm not dead, mother.
Everyone's wrong,
Tzara is right.
I'm here, mother,
a son of Gagarin
who never learned to fly.
Who's been hanging
like a chandelier,
staring down at the coffee cups
and the rising tobacco smoke.
I believed in a smiling God
clad in a space suit,
as much as in the black and white pornographic mystery
and Solzhenitsyn locked up in the same drawer.
Then my God turned wino and exploded.
As for me, I learned to fly wingless,
still hanging from the ceiling, like a crystal chandelier,
gaping at the coffee cups,
fortune-telling séances
and the sea of ashes.
It is the triumph of spirit over flesh.
Spring has come
and the snow is melting beyond the cinema screen.

LET THEM LIVE

I beg you, Mum.
don't kill cockroaches.
Let them live.
They love the warmth of radiators.
Maybe they love each other too.
They have to live
inside the gas-stove.
We have to live on Earth.
So what?
You can't tell one cockroach from another.
They've got no names.
They enjoy warmth
and sweet apple jam
as we do.
They aren't to blame
for not knowing
that they exist.
Do the planets know
we call them names?
Yet they spin around aimlessly in space...
I beg you, Mum,
never kill cockroaches.
Let them live.

HAMLET

Why does it ring no more?
Is everything mechanics?
Diffusion of thirst into music,
A touch of inaccuracies in Leonardo,
Elegiacity of the day,
Sentimental posturing of objects,
Such as tombstones?
Don't worry.
My room is your room,
It's everybody's room.
Be patient,
And the telephone will rise from the dead.
Rosencrantz and Guildenstern will call you,
If they aren't dead yet.
Everything's mechanics:
Things like missing someone,
Or the passage of time.
I communicate with my stomach!
Someone's calling me from the inside!
In my abdomen dwells Gonnoyuboo –
A wounded
African love.

GOELRO

Total Stalinification of the soul.
Acceleration of desire
and the forgetful ostrich of my past.
Fate, much like love, is a bidet of hope
left to the mercy of Darwin.
The empty rainbow of my words,
like a faded chrysanthemum in a volume of Balmont,
recalls Wagner, the yellow seagulls of our remoteness,
and the gallows.

MAZONI
(Song)

My Jesusness brings me to dirt,
My Jesusness brings me to dust,
My Jesusness is what I had,
My Jesusness is what I lost,
With my true love…
I always followed your footsteps,
I always followed your love,
I`ve enough friends, but none are around.
We were sensitive, we were sensitive,
Believed in

Mazoni, Mazoni…

mazoni – traditional Georgian sour yoghurt, pronounced *mats'oni*

PHOTO: © LEVAN KHERKHEULIDZE

GAGA LOMIDZE graduated from the Tbilisi State University in 1995 and completed his PhD at the Shota Rustaveli Institute of Georgian Literature. Currently the Head of the Department of Literary Studies and Comparative Literature at the Shota Rustaveli Institute of Georgian Literature, he also teaches Theory of Literature at the Tbilisi State University.

He is President of the Georgian Comparative Literature Association (GCLA) and a member of the International Comparative Literature Association (ICLA). The author of numerous critical articles and scientific research papers, he is the translator of six published books, and has collaborated in the translation of two further books.

He is the co-author of the book *A Short Introduction to Georgian Literature* [Georgische Literatur. Einführung] (Pop Verlag, Ludwigsburg, 2016).

ALEXANDRA BÜCHLER is director of Literature Across Frontiers – European Platform for Literary Exchange, Translation and Policy Debate, an initiative based in Wales, UK. In her role as LAF director she has developed and managed a range of cultural and literary projects, organised public debates, training seminars and conferences, as well as many residential poetry translation workshops. An editor and translator of fiction, poetry, theatre plays and texts on modern art and architecture, she has translated over twenty-five books and edited six anthologies of contemporary fiction in translation. Among the authors she has translated into Czech are J. M. Coetzee, David Malouf, Jean Rhys, Janice Galloway, Jeanette Turner Hospital, Gail Jones and Rhea Galanaki. She has edited and part-translated anthologies of Australian, Greek and Scottish short fiction and of Czech short fiction into English. She also edited the *Six Czech Poets* anthology for Arc Publications. Her latest translation is Jan Weiss' *The House of a Thousand Floors*, to be published by Central European University Press.

NIA DAVIES is a poet and literary curator based in Wales. Her first pamphlet of poems *Then Spree* came out from Salt in 2012 and her poetry and essays have appeared in numerous international journals and online magazines. She edits *Poetry Wales* and works on the international literary projects Literature Across Frontiers and Wales Literature Exchange. A frequent collaborator with other poets and artists, Nia Davies co-curated Gelynion – a Welsh Enemies project on collaboration in contemporary poetry in Wales. Her poems have been translated into Arabic, Kurdish, Mandarin, Slovak, Spanish and Turkish. Her latest publication is *Çekoslovakyalılaştıramadıklarımızdanmısı nız or Long Words* (Boiled String, 2016), and a new collection, *All fours*, is due out from Bloodaxe in 2017.

DAVIT GABUNIA is a translator and playwright. He has translated, among others, two books by J. K. Rowling, *Harry Potter and the Chamber of Secrets* and *Harry Potter and the Prisoner of Azkaban*, and Tove Jansson's *Kometen Kommer* and has translated or adapted over a dozen plays from various languages for performance in the Georgian theatre.

DONALD RAYFIELD is Emeritus Professor of Russian and Georgian at the University of London. His contribution to a wider knowledge of Georgian literature is immense. He is author of *Edges of Empire: a History of Georgia* (2012) and his *Literature of Georgia* (1994, 2014) has gone through four editions. He also edited *A Comprehensive Georgian-English Dictionary*. He has translated major twentieth-century novelists, including Otar Chiladze's *A Man Who Was Going Down The Road* (2012) and *Avelum* (2013), and Mikheil Javakhishvili's *Kvashi* (2015), as well as such vital poets as Vazha Pshavela and Galaktion Tabidze. In 2014 he received the Saba Literary Prize for the Best Translation into a Foreign Language.

ADHAM SMART is a poet and translator. He was a winner of the Foyle Young Poets of the Year Award in 2006, 2008, and 2009, and his work has been published in a number of magazines and in *The Salt Book of Younger Poets* (Salt, 2011). He holds a BA in linguistics and Georgian from SOAS, University of London, and is currently pursuing the MPhil in linguistics and philology at the University of Oxford.

STEPHEN WATTS is a poet, editor and translator. Among his own most recent books are *Mountain Language* (2008) and *Journey Across Breath* (2011) (both published by Hearing Eye and with Italian translation by Cristina Viti), *Ancient Sunlight* (Enitharmon, 2014) and *Republic Of Dogs / Republic Of Birds* (Test Centre, 2016). Among his co-translations are chapbooks by Ziba Karbassi and Adnan al-Sayegh, full-length collections by A. N. Stencl (*All My Young Years*) Meta Kušar (*Ljubljana*) and Adnan al-Sayegh (*Pages from the Diary of an Exile*), and anthologies of Slovenian & Kurdish poetry. He edited Amarjit Chandan's *Sonata For Four Hands* for Arc Publications in 2010 and is currently is working on translations of Tonino Guerra, Victor Sunyol and Ziba Karbassi's poetry. He has read his own work internationally, most recently in Sibiu, Bucharest, Milan and Ravenna. In 2010 he read at festivals in Syria and works closely with the Syrian poet Golan Haji who lives now in Paris.

ANGELA JARMAN has worked as an editor at Arc Publications for over 20 years, and has been the in-house editor of all the publications in the 'New Voices from Europe and Beyond' anthology series, of which this volume is the fourteenth.

Lightning Source UK Ltd.
Milton Keynes UK
UKHW03f1823130418
321040UK00002B/266/P

9 781908 3769